JN107330

カリフォルニア大学
ガバナンスと戦略

the University of California
Governance and Strategy

清水彩子
Ayako Shimizu

東信堂

本書の刊行に寄せて

　本書は、著者がカリフォルニア大学の総長本部に客員研究員として１年半在籍し、世界有数のカリフォルニア大学の複雑な組織・構造とその運営の解明に取組んだ研究の成果である。組織・構造の明快な説明、歴史的経緯の探求、米国特有のマルチ・キャンパスやアクレディテーションの詳細な叙述、興味深いエピソードや大学幹部の見解などを織り交ぜた、類書の水準を超えた優れた著作といえる。

　日本の大学改革は、米国の大学をモデル視することが多いが、米国大学の理解が一面的、皮相的であることが少なくない。米国には統一された公的大学制度はなく、日本のような集権国家がモデルにしようとすると、大きな間違いを招きかねない。多様な米国の大学から学ぶには、具体的な事例に即して学ぶのが一番である。日本の大学のあり方に関心を持つ諸賢に、一読をお勧めしたい。

大崎 仁

はじめに

　本書は、筆者が 2016 年から約 1 年半にわたり、文部科学省からカリフォルニア大学の総長本部に客員研究員として派遣いただいた機会に、同大学の執行幹部や教員の方々をはじめとした大学関係者に行ったインタビュー、会議や講演会への参加、文献調査などによって得た知見をもとに、同大学の組織構造と戦略について記録したものである。

　アメリカの名門大学というと、ハーバード大学やスタンフォード大学、イェール大学、マサチューセッツ工科大学などの名門私立大学のイメージが強く、派遣当初は、カリフォルニア大学がどのような大学なのか、アメリカの公立大学がどのようなガバナンス構造を持つのかなどについて、ほとんど理解していなかった。しかし、現地での調査研究を経て、同大学の卓越性や構造の本質を知るほどに、これからの日本の大学に待ち受ける社会の期待やそれに伴う変化、苦難への対処の参考に資するものとして、日本にこれを伝えたいと考えるようになった。

　その最大の理由は、同大学が、州立大学としての使命に由来する多様な財政的・社会的制約を抱えながら、教育研究の質において世界的な卓越性を維持しているからである。アメリカの私立大学であれば、日本と比較して法的・社会的制約の面から格段に自由であるとともに、特に歴史ある名門私立大学などは、教育研究の質の向上について、成功した卒業生からの寄付金等による潤沢な基金を活かした戦略を採用しており、日本の国公私立大学がにわかには真似できないことも多い。

　一方、カリフォルニア大学をはじめとする州立大学は、公立であることによる社会的貢献に対する要請が強く、あらゆるバックグラウンドを持つ学生の平等な受け入れ、入学者数の増加への対応、州の社会的課題の解決、地域の教育活動への支援、情報公開など、求められる役割は時代を追うごとに多様化するばかりである。そのような中、州からの補助金は大学の規模の拡大

に全く追いつかないばかりか、不景気に伴い何度も大幅に削減されてきた。

　現代の日本の国公私立大学が抱える社会的要請や財政などに関わる複雑な問題を考えると、アメリカの州立大学にこそ多くの共通点が見いだされ、日本の大学と課題を共有できるのではないかと感じている。多様な制約条件を前提として、州や地域社会に貢献する使命を果たしながらも、世界最高峰の教育研究の質を維持するカリフォルニア大学の自律的な大学運営にこそ、日本の大学は何かヒントを得ることができるのではないか。このような思いから、本書を執筆した。

　また、本書は、カリフォルニア大学に係る記述を中心としているが、アメリカの公立大学の一般的な仕組みにも共通する基本的な概念や背景などについて、可能な限り触れることを意識している。それは、日本における大学改革等に関する議論においてアメリカの公立大学を参考にするとき、日本の大学との様々な前提の比較がより容易になるようにとの観点である。

　アメリカの公立大学の運営については日本でもっと注目されてよいと考えるが、その理由のひとつは、アメリカの強大な科学技術力のバックボーンは公立大学にあるとも言われているからである。例えば、カーネギー分類において"研究力が非常に高い"、または"研究力が高い"とされる大学は、私立大学は全米で22州に存在するのみであるのに対し、公立大学は50州すべてに、また、1州あたりの大学の数も私立大学より多く存在している[1]。こうしたことからも、有数の名門私立大学の活躍のもう一方の側で、公立大学がどのように教育研究力の質を高め、国全体の研究力を支えてきたのかは注目に値する。

　また、近年の日本の大学改革においても、大学の機能別分化、認証評価制度、マルチキャンパス・システム、プロボスト制、教員等の年俸制、学長のリーダーシップの強化、基金の創設など、アメリカの大学制度に着想を得たものが多く導入されており、これらの中には公立大学に関連するものが多く含まれている。各大学によるこのような制度の運用において、もともとのアメリカの公立大学制度の根底にある基本概念、趣旨や考え方、歴史的背景や風土など、より大きな枠組みの中での位置づけを理解することが必要であるように感じている。

　著者がカリフォルニア大学に在籍していた間も、多くの日本の大学関係者が、今後の大学運営の参考にしようとカリフォルニア大学を訪れていた。しかし、両国の大学の仕組みや戦略には大きな前提の違いがあるために、短時間のインタビューでは本質的な議論にたどり着くことがなかなか難しい。アメリカの公立大学の基本的な仕組み等に係る情報を事前に得ることができれば、より深い対話につなげることができると感じた。

　このような思いで執筆の作業を進めながら、実際には、様々な方との対話を通じ、自分自身が大変よく勉強をさせていただく機会となった。

　本書の出版は、多くの方の後押しとご協力がなければ成り立ち得なかった。

　IDE 大学協会副会長の大﨑仁氏、東京大学教育学研究科教授の福留東土氏には、出版について後押しをいただくとともに、全章を通読いただき、構成も含む多くの点について重要なご指摘をいただいた。また、東京大学経済学部教授の星岳雄氏からは、長年カリフォルニア大学サンディエゴ校とスタンフォード大学の教授として務められた経験によるご知見をいただいた。

　また、カリフォルニア大学ロサンゼルス校の教授である Shane N. White 氏は、教員のガバナンス組織であるアカデミック・セネイトにおいて、最も責任ある立場である議長をはじめとした多数の責任あるポジションを歴任したことによる豊富な識見から、ガバナンスに関わる章を中心に、英訳された原稿を念入りに確認し、誤解を正すとともに、基本的な概念や構造に係る理解を助けるための有益な情報を提供いただいた。

　カリフォルニア大学総長本部情報戦略チームの Todd Greenspan 氏には、著者が総長本部に在籍していた時から、調査研究活動に不可欠であったあらゆる貴重な出会いの場を作り、全面的にサポートしていただいた。また、Judson King 氏（カリフォルニア大学元プロボスト）、Aimee Dorr 氏（同大学プロボスト）、Arthur Ellis 氏（同大学総長本部研究担当副総長）、Susan Carlson 氏（同大学総長本部人事担当副総長）、Pamela Brown 氏（同大学総長本部情報戦略・学術計画担当副総長）、Yvette Gullatt 氏（同大学総長本部多様性担当副総長）、Jagdeep Singh Bachher 氏（同大学最高投資責任者兼投資担当副総長）、Susie Ardeshir 氏（同大学最高投資責任者付投資ディレクター）、Emily Rader 氏（同大学総長本部研究部戦略マネージャー）、Charles Drucker 氏（同大学総長本部情報戦略チーム研究担当マネージャー）、Ton-shan 氏（同

大学総長本部情報戦略チーム学習成果担当マネージャー）、Chris Procello 氏（同大学総長本部情報戦略チーム学術計画・研究アナリスト）、Rebecca Landes 氏（同大学総長本部情報戦略チーム学術計画・研究アナリスト）、渡辺有樹子氏（同大学バークレー校教育学習センターシニアコンサルタント）、梶村真吾氏（同大学サンフランシスコ校准教授（糖尿病センター・幹細胞研究所））、野村泰紀氏（同大学バークレー校教授（物理学）・理論物理学センター長）、了戒公子氏（同大学バークレー校准教授（情報学））、Fonna Forman 氏（同大学サンディエゴ校助教（法学））、Richard Osborn 氏（西部大学協会副会長）（以上の方の役職は 2018 年時点）には、インタビュー等を通じて、本書に必要な多くの知見をいただいた。

　最後に、本書の執筆にあたり、東信堂の下田様からは、度重なる激励をいただくとともに、高等教育全体の議論の流れを汲んだ大局的な観点からのご指導を賜り、その温かなご支援がなければ本書を完成させることは到底できなかった。また、俊斗、友香をはじめ、家族の協力と応援も不可欠であった。このような貴重な機会を与えていただいたすべての方に、この場を借りて、心より深く感謝を申し上げたい。

2021 年 10 月

注

1　Robert J. Birgeneau, Henry E. Brady, Michael Nacht "Public Research Universities: Recommitting to Lincoln's Vision"(2016.9) (https://gspp.berkeley.edu/events/webcasts/public-research-universities-recommitting-to-lincolns-vision)

目次／カリフォルニア大学　ガバナンスと戦略
　　　－世界で最も卓越した公立研究大学群の競争性と多様性－

第1部　カリフォルニア大学の組織構造

第9章　教員をとりまく環境と評価　　160

第4部　社会との結びつき

第10章　アカウンタビリティと情報戦略　　175

カリフォルニア大学　ガバナンスと戦略
—世界で最も卓越した公立研究大学群の競争性と多様性—

序　章

　カリフォルニア大学（the University of California）は、2018 年に創立 150 周年を迎えた。「カリフォルニア大学」といっても一つの大学を指すのではなく、バークレー校やロサンゼルス校などの 10 の総合研究大学、5 の学術医療センター、3 の国立研究所[1] を運営する、巨大な州立大学システムである[2]。システム全体の予算規模は、2017 年度は 345 億ドル（約 3.8 兆円）[3] であり、日本の 90 の国立大学法人と大学共同利用機関法人の合計額（約 3.1 兆円、同年度）[4] よりも大きい。年々規模は増大し、2020 年度には 400 億ドルを超えた。創立から 150 年という歴史は、アメリカの大学の中では古くも新しくもないが[5]、誕生してからの軌跡は輝かしく、名実ともに高い実績を上げてきた。

　例えば、2020 年には同大学の研究者 4 名が物理学や化学の分野でノーベル賞を受賞し、これまでの合計受賞数は 69 となった。これは日本の実績の 2 倍以上にあたる。また、カリフォルニア大学全体で全米の公私立大学の研究事業の 10 分の 1 を担い、毎年の研究出版物は全米の 10 分の 1 のシェアを占める。また、連邦の競争的資金の二大配分機関である国立衛生研究所と全米科学財団から毎年最大の資金配分を得るなど外部資金の獲得額は大きく、研究者 1 人あたりの額も、北米の 65 の名門研究大学の集まりであるアメリカ大学協会の平均の 1.8 倍（2017 年度）と大きく上回る。

　各種の大学評価ランキングでは、例えば、上海交通大学大学研究センターが公表する「世界の大学　学術ランキング 2020」（ARWU: Academic Ranking of World Universities）において、カリフォルニア大学バークレー校は世界第 5 位（公立大学としては世界第 1 位）、ロサンゼルス校は第 13 位となるなど、老舗の

キャンパスを中心に多くが毎年上位にランクインし、世界中の優秀な研究者や学生を惹きつけている[6]。

　また、州民への教育という視点では、160の学術分野における800の学位プログラムにおいて、29万人もの学生を育てており、その中には他の同等の機関と比較して非常に多くの貧困層の学生やファースト・ジェネレーション（両親が高等教育機関を卒業していない学生）を含んでいる。

　同大学の存在するカリフォルニア州は、シリコンバレーやハリウッドを抱え、州内総生産は全米トップで同国の約15％（2019年第3四半期時点）を占め、同州が国であったとすればアメリカ、中国、日本、ドイツに次いで世界第5位に位置する巨大な経済規模を持つ。人口は約4,000万人と日本の3分の1の規模でありながら、州内総生産は日本の国内総生産の3分の2に達し、州民1人あたりの生産性は日本の1.5倍である。このような全米一の経済力に不可欠なあらゆる分野の知の創出やその普及について、州立大学であるカリフォルニア大学は重要な役割を果たしている。

　これらの多くの事実が示すように、カリフォルニア大学は、世界で最大かつ最も卓越した研究大学群の一つであり、多様な分野において目覚ましい研究成果を創出し、州の経済成長を牽引するとともに、世界で活躍する人材を多く輩出している。

　このようなカリフォルニア大学の卓越性の理由を、一つに絞ることは難しい。カリフォルニア大学で1996年から約8年間プロボスト（システム全体の執行部のトップである総長に次ぐ地位）を務めた経験を持つ、バークレー校の名誉教授であるジュドソン・キング（Judson King）氏は「卓越性への有効な特効薬はない」と述べる[7]。過去の急成長の過程で歴史的幸運に恵まれたことも大きく作用しており、また、現在の仕組みは独自の歴史的、文化的土壌のもとで有効に機能しているため、他の大学が一部の制度や形式だけを真似して取り入れても、直ちに効果が出る可能性は高くない。

　このため、本書では、カリフォルニア大学の卓越性の理由を特定するのではなく、州からの補助金の額も含めて多くの変数が激動しうるアメリカの競争的な環境の中で、同大学が巨大で複雑な組織をどのように運営し、教育研究の質を維持してきたかという観点から、多角的に同大学を眺め、構造や戦

略の根本にある価値観や考え方を明らかにすることを試みている。

　カリフォルニア大学の様々な制度や戦略に共通して見える一つの姿は、競争性と多様性の二項対立ではなく、その双方を極めて大切にしていることである。一般に、大学が生み出す知の生産性を向上させ、それを国力に結びつけようという文脈のもとでは、大学への投資において特定の分野への選択と集中の考え方が主張されたり、大学内の分権的な組織構造を否定し、ガバナンスにおける企業のようなトップダウンの意思決定の推進や、組織運営の合理化による大学規模の縮小の方向性ばかりが強調されたりしがちである。これは日本のみならず、アメリカにおいても大学関係者以外の議論の場においてよく聞かれる論調である。

　これに対し、カリフォルニア大学が、教育研究力における競争性の向上を常に目標としつつも、同時に断固とした価値観として貫くのが多様性の重視である。多様性といっても、ガバナンス組織、学生や教職員、学問分野、社会貢献の在り方など、あらゆる観点からのものがあるが、これらはすべて繋がっている。大学が知の創出や普及などの活動を通じて人々の生活を精神的・物理的により良くすることを究極的に求められる存在であるとすれば、アカデミアにおいて、この世界のあらゆる事象に対応した多様な分野の知のエコシステムが出来上がっている必要がある。

　また、これらの知の創出や普及が研究者の教育研究活動を通じて担われるものであることを踏まえ、研究者はそれぞれの専門分野を尊重され、探求心とともに、善意や貢献への意欲の火が灯っている必要がある。大学運営業務に携わる職員や、大学文化の醸成や教育研究活動の一翼を担う学生の存在も、教育研究や社会貢献活動を推進する力として重要である。このような視点から、大学は、その責任を果たすための多様な知の創出と生産性の向上のために、ガバナンスや戦略において多様性を重視する必要があると捉えられる。本書を読み進める際の一つの横断的な視点として、カリフォルニア大学が、競争性と多様性をどのように戦略的に両立させているのかを捉えていただけたらと思う。

注

1 連邦エネルギー省（U.S. Department of Energy）が所管する国立研究所のうち 3 つについてカリフォルニア大学が運営の委託を受けている。

2 現地では、複数のキャンパスを持つカリフォルニア大学について、「the University of California」または「the University of California system」と呼ぶ。本書においても、システム全体を指す呼び名について「カリフォルニア大学」または「カリフォルニア大学システム」と表記する。

3 "Budget for Current Operations -Summary and Detail- 2018-19"（the University of California, Office of the President）

4 経常収益ベース。「国立大学法人等の決算について―平成 29 事業年度―」（文部科学省）より。

5 アメリカ最古の大学であるハーバード大学の創立が 1636 年である。

6 各種データについて、例えば、次を参照。"Annual Accountability Report 2020"（the University of California, Office of rthe President）

7 筆者によるジュドソン・キング氏へのインタビューより（2017 年）。

第1部　カリフォルニア大学の組織構造

第1章
基本構造

　1958 年に就任したカリフォルニア大学の第 12 代総長で、1960 年にカリフォルニア高等教育マスタープランを策定したクラーク・カー（Clark Kerr）氏は、同大学は、常に内部または外部との間に緊張関係が存在し、効果的に統治をすることが最も難しいシステムであると述べる。「大学システム全体として世界最大規模で学術的に最も卓越している上、個々のキャンパスも国内や世界においてトップレベルであり、その地位に誇りを持っている。システムの最高意思決定機関である理事会は国内有数の最高の自律権を持ち、教員組織であるアカデミック・セネイトの権力も最高、そして有能でやや横柄な学生集団を持つ」というのがその理由である [1]。

　この言葉に表れるように、カリフォルニア大学は、アメリカの多くの州立大学に共通しつつも、同大学において最も究極的な形となっている、理事会制度、マルチキャンパス・システム、シェアード・ガバナンスという統治構造を持つ。理事会は、州憲法により高い自律権を保障されており、また、システムが抱える複数のキャンパスの多くは、世界的に卓越した成果を生み出してきた歴史と伝統を持つ。世界有数の頭脳を持つ教員集団は、ガバナンス組織であるアカデミック・セネイトを形成して大学運営に係る強い権限を持ち、学術面のみならず経営面にも一定の影響力を有する。このように、カリフォルニア大学は、その内部に力を持った組織を多数抱え、理事会、執行部、アカデミック・セネイトの 3 者のリーダーシップによりガバナンスが担われている。

　本章では、カリフォルニア大学の全体的な構造を概説し、続く第 2 章から第 4 章において、理事会、執行部、アカデミック・セネイトのそれぞれ

に焦点を当て、具体的な組織構造や運営とその特徴を詳述する。

第 1 節　カリフォルニア州の高等教育

　アメリカにおいて、教育に関する一義的な権限と責任は州にある。合衆国憲法の修正条項第 10 条は「この憲法によって連邦に授権されない、または禁止していない事項については、州または人民に留保される」と規定するなか、同憲法は連邦政府の教育に関する基本的な権限を規定していない。したがって、連邦は国内の教育の振興に関する直接的な責任を持たず、学生への経済支援や研究費の助成を行ったり、その仕組みを通じて教育の質保証に影響を与えたりするなど、間接的な責任を果たしている。現在、アメリカには連邦立の大学は存在せず、公立（public）大学と言えばすべて州立大学である。

　カリフォルニア州においては、高等教育の基本構造が、前述の「カリフォルニア高等教育マスタープラン」（A Master Plan for Higher Education in California）に定められている。マスタープランは何度か改訂されているが、骨格は今日に至るまで変わっていない。

　マスタープランに基づき、カリフォルニア州には、カリフォルニア大学（UC: the University of California）、カリフォルニア州立大学（CSU: the California State University）、カリフォルニア・コミュニティ・カレッジ（CCC: the California Community College）の 3 層の州立大学システムが置かれる。システムごとに大学としての基本的な使命と入学基準が規定され、各システムの中に複数のキャンパスが存在する（マルチキャンパス・システム）。

　このうち、カリフォルニア大学は、総合研究大学を運営する使命を持つ。学士課程から博士課程までの学位授与を行うほか、法学や医学、経営などの高度な専門職学位の授与も行う。現在、10 の総合研究大学、5 の学術医療センター、連邦エネルギー省が所管する 3 の国立研究所を運営する。州民のカリフォルニア大学への基本的な入学資格は、高校の成績が上位 8 分の 1 までであることである。学生数は、学部生が約 22.6 万人、大学院生が約 5.9 万人である（2020 年度）。

　カリフォルニア州立大学は、より実践的な分野の教育研究や教員養成を主

な役割とし、学士課程から修士課程までの学位授与を行う。入学資格は高校の成績の上位 3 分の 1 までの者である。現在 23 のキャンパスを持ち、学生数は学部生が約 43.2 万人、大学院生は約 5.3 万人である（2020 年度）。

その他のすべての州民の受け皿となるのが、カリフォルニア・コミュニティ・カレッジである。職業教育や成人教育などを担い、学部前半の 2 年間の教育を行う。英語教育や補習なども担っており、移民の多い同州において大きな役割を果たしている。入学資格要件はなく、誰でも希望すれば自分の学区にあるカレッジに通うことができる。卒業後は成績等に応じてカリフォルニア大学やカリフォルニア州立大学に編入することができるため、優秀な学生でも、家庭の経済的事情等によって、まずは 2 年間授業料の安いカレッジに通った上で他大学に編入をする者もいる。オンラインコースも含めて 116 のカレッジが存在し[2]、約 210 万人の学生が在籍する（2020 年度）。

なお、私立大学については、日本と比較すると州政府による設立の事前規制は相当に緩やかであるが、最低限の消費者保護等の観点から、州政府による法人格の付与や運営許可等の仕組みが設けられている。非営利法人が設置するものと営利法人が設置するものとがあり、カリフォルニア州で非営利法人が設立する有名な大学としては、スタンフォード大学やカリフォルニア工科大学などがある。

カリフォルニア州の大学進学率は約 50 ％であり、学生の 8 割が州立大学、2 割が私立大学に在籍する。なお、高等教育への需要を私立大学により受け止めてきた歴史的経緯を持つ日本では、私立大学の学生が全体の 7 割を占める。

第 2 節　カリフォルニア大学の基本構造

3 つの大学システムには、それぞれ最高意思決定機関として理事会が設置され、システム全体の構造や運営に係る基本的方向性を決定するとともに、大学運営を監視する。理事会の構成員である理事は、一定の公職等に就いている者以外は、州知事の任命により州民から選ばれる。理事会は、州立大学として州の民意を大学運営に反映させるための機関である。

　カリフォルニア大学においては、「カリフォルニア大学理事会」(Board of Regents, the University of California) が州憲法により大学運営に係る公的な信託を受けており、当該理事会が内部規則により権限を下部機関に委任することにより、システム全体のガバナンス構造が決定されている。具体的には、理事会は、経営に関する権限を総長に、学術に関する権限を教員によるガバナンス組織であるアカデミック・セネイトに授権する。経営面と学術面の統治をそれぞれ執行部と教員のガバナンス組織に分担する仕組みはアメリカの大学によく見られ、これをシェアード・ガバナンスと言う。なお、カリフォルニア大学の場合には、この概念は、理事会、執行部、アカデミック・セネイトの3者の権限分担を指すものとして使われることも多い。また、アカデミック・セネイトの権限が強く、学術面のみならず経営面にも影響を及ぼすための一定の権限が認められている。

　経営の最高責任者である総長は、その権限の一部をナンバー2であるプロボストや各担当副総長等の幹部に委任し、これらの幹部がそれぞれ担当部局を形成することで、システムレベル[3]における職員2,000人ほどの経営組織であるカリフォルニア大学総長本部 (UCOP: the University of California, Office of the President) が組織されている。この総長本部が、全キャンパスに横断的な事項を取り扱う。

　また、10の各キャンパスには、当該キャンパスの最高責任者である学長、キャンパスレベルのプロボストや各担当副学長、ディーンやデパートメントチェア (学部長や学科長などに相当) が存在し、各キャンパスにおける執行部を形成する。各キャンパスの執行部は、システム全体の方針を踏まえたキャンパスの自律的な運営を任されている。なお、各学長は、総長が設置する選考助言委員会における選考のもと、最終的に総長が1人の候補者を決定し、理事会の承認を得る形で決せられるため、総長は学長の人事に強い影響力を持つ。

　一方、主に学術面に責任を持つアカデミック・セネイトは、教育と研究、社会貢献活動のすべてに責任を持つテニュアの教員を構成員とする組織である。入学基準の制定や学位等の授与、カリキュラム編成等の決定権を持つとともに (ただし、一部は理事会の承認を必要とする。)、大学の予算、教員の福利厚生

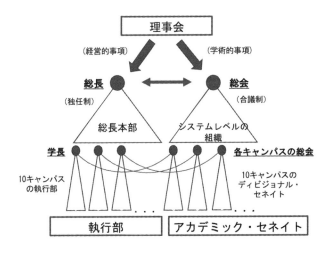

図 1-1　カリフォルニア大学の基本構造

や環境等について理事会や総長に意見を述べる権限も有する。アカデミック・セネイトの最高意思決定機関は各キャンパスの教員代表者等から成るシステムレベルの総会であり、日常的には、総会のコアメンバーによる幹部会であるアカデミック・カウンシルや各分野別委員会が中心となって動く。総会もアカデミック・カウンシルも合議制であり、とりまとめ役として議長と副議長が存在する。議長と副議長の任期はそれぞれ 1 年と短く、教員の投票により決せられる。

　総長をトップとする執行部は、総長からの権限委任によって組織が構成される独任制の組織である一方、アカデミック・セネイトは、民主的な意思決定を基本とする合議制の組織である。

　これらの理事会、執行部、アカデミック・セネイトの 3 つのガバナンス組織は互いに独立しており、原則として、これらの組織の一定以上の役職の者が他の組織の一定以上の役職を兼ねることはない。例えば、執行幹部である学長やプロボスト、副学長、ディーンやデパートメントチェアがアカデミック・セネイトの総会や委員会の議長や副議長になることはない。ただし、総長については、理事会の理事を兼ねるとともに、アカデミック・セネイトの

会長（President）としての立場を持つが、前者は理事会という合議制機関の一員であり、後者については投票権を持たない名誉職としての立場である[4]。このように、理事会、執行部、アカデミック・セネイトの独立した3つのガバナンス組織の権力の拮抗のもとで大学運営が成り立っている。カリフォルニア大学においてリーダーシップをとる存在と言えば、理事会の議長、総長、アカデミック・セネイトの議長の3者を指すことが多く、3者がそれぞれ異なる観点からの責任を持つ。

　以上のような基本構造も含め、カリフォルニア大学理事会は、システムの組織構造に係る自己決定権（理事会自体の構造に係ることを除く）を有し、規則の制定を通じてこれを実現する。

　理事会が定める法的拘束力のある規則としては、Bylaws（理事会規約）、Committee Charters（委員会規則）、Standing Orders（運用規則）の3つがある。このうち Bylaws は、法人組織、理事会、執行部、アカデミック・セネイトの4つの部に分かれ、各組織の具体的な構成員や権限等を中心に、システム全体の構造や組織運営等に係る基本的な事項を定めている。また、Committee Charters は、理事会に附属する常任委員会ごとの使命、構成員、詳細な責務等が、Standing Orders は、各組織の詳細な責務や任命方法等が規定される。

　また、各政策分野の基本的方針は Regents Policy（理事会方針）として定められる。現行では大きく8つの分野があり、①理事会運営と統治、②学術的事項、③学生の生活や授業料等、④法的事項・機会均等に関する事項、⑤経営・財政的事項、⑥投資に関する事項、⑦人事・給与に関する事項、⑧設備等の計画に関する事項について定められている。

　総長やアカデミック・セネイト、各キャンパスは、これらの規則や方針に基づく職務の遂行が求められ、その範囲内で自律的に規則等を定める。

　なお、Bylaws 等には、各内部組織同士の関係性も規定され、例えば、理事会と総長との関係については、理事会がカリフォルニア大学全体の大きな方針を定め、総長がこれを実行するとされる。また、理事会の各理事と執行部との関係については、各理事は、総長の指示を受けた場合のほかは、総長本部が行う特定の人事や契約、投資その他の日常的な運営上の判断に関与して

はならないとされる。ただし、これに関わらず、各理事はカリフォルニア大学に対する一般的な監督権と質問権を持つ。

　また、総長本部と各キャンパスの関係については、学長は理事会や総長の承認する予算や方針の中で、組織、内部管理、執行、財政運営、規律の制定について責任を負うものとされる。しかし、総長本部が個々のキャンパスの個別事項についてどの程度規律していいかといった、総長本部とキャンパスの具体的な権限関係については規定されていない。

　カリフォルニア大学の基本的な統治モデルは、アメリカの他の多くの州立大学にも共通するが、理事会の自律性の強さや教員のガバナンス組織の構成や権限の度合いなどは大学により異なり、各組織のパワーバランスも多様である。カリフォルニア大学の場合は、理事会、執行部、アカデミック・セネイトの3つのガバナンス組織がすべて強力であるとともに、歴史あるキャンパスを中心に、各キャンパスの存在感や権限拡大に向けた主張も大きいことが一つの特徴である。

注

1　C. Judson King(2018) *The University of California :Creating, Nurturing, and Maintaining Academic Quality in a Public University Setting*. Center for Studies in Higher Education, University of California, Berkeley CA

2　キャンパス数につき、2020 年 11 月時点。

3　キャンパス横断的な組織を「システムレベル」の組織という。

4　同様に、副総長や学長等の他の幹部もアカデミック・セネイトの形式的なメンバーであるが、アカデミック・セネイトの意思決定に参画しない。

第2章

理事会と大学の自律性

　カリフォルニア州の各州立大学システムに置かれる理事会 [1] の権限の法的根拠について、カリフォルニア州立大学とカリフォルニア・コミュニティ・カレッジは州法によるが、カリフォルニア大学は州憲法により、州の最高位のレベルでの自律性が保障されている。全米の州立大学において、憲法により理事会に同等以上の包括的な自律権が与えられているのは、ミシガン州の15の大学とミネソタ大学のみであり [2]、理事会が有する高い自律権はカリフォルニア大学のガバナンスの一つの大きな特徴である。

　法律ではなく憲法でその自律性が位置付けられていることの形式的な意義としては、当該大学システムが立法、行政、司法の3つの機関と肩を並べる立場にあることである。仮に、大学運営の権限が州議会が定める法律により理事会に付与されるのであれば、それは州議会が本来持つ権限を下位に委任するものと捉えられ、理事会は州議会の下位に位置づく。一方、憲法により自律権が保障されていれば、その権限は議会由来のものではなく、議会を含めた州の他の行政機関から独立した地位を得る。この意味で、カリフォルニア大学は、立法、行政、司法と並ぶ「第四の機関」と表現されることがある。

　また、実質的な意義としては、憲法で保障される理事会の権限を法律で規制できないことから、大学の自律権と政治的中立性はより堅固に守られる。実際に、カリフォルニア州立大学やカリフォルニア・コミュニティ・カレッジは、教職員の人事や財政、資産運用等について議会の定める法律による規制があり、政治的中立性を十分に達成しているとは言えない。しかし、カリフォルニア大学は大学運営に係る外的制約がほとんどなく、理事会は、ガバナンス構造や運営方針の決定等に係るあらゆる事項について広範な権限を有

する。

　このように理事会に高い自律権を認める一方で、州立大学としてカリフォルニア大学の運営に州の民意を反映させるための仕組みは、理事会の構造により担保されている。理事会は、州知事や州教育長など特定の職による理事のほかは、州知事からの任命により州民から選ばれた学外者を中心とする構成となっており、こうした理事会に大学運営の最終的な決定権を持たせることで、州民が大学運営の在り方を決定する形とし、州税を投入する根拠としている。理事会は、社会のニーズを大学運営につなげるとともに、緩衝材としての役割も果たすという意味で、社会と大学の間のブリッジであり、バッファーであると言われる。

　このような理事会制度は、同じくアメリカで生まれた初等中等教育段階の教育委員会制度と本質的に共通する[3]。アメリカの教育委員会は、各学校区において住民選挙や首長の任命によって委員が選出され、複数の小中学校の運営の全体方針を決めるとともに、その具体的な運営に責任を持つ教育長を任命し、監視する。これと同様に、州立大学の理事会は、理事が首長の任命等により選ばれ、複数のキャンパスの全体的な大学運営の方針を決めるとともに、その運営を任せる総長を任命し、監視する。このように、理事会制度も教育委員会制度も、学校運営の自律性を守りつつ、州民の声をこれに活かすことを趣旨とする仕組みである。

　カリフォルニア大学理事会は、1868 年にカリフォルニア大学設置法により誕生してから、150 年もの間、州の総合研究大学の運営の司令塔としての役割を果たしてきた。本章では、理事会による自律権の獲得の歴史と基本的な構造、実態等について紹介する。

第 1 節　理事会の構造と自律性

1　自律権保障の歴史的経緯

　まず、カリフォルニア大学理事会が州憲法による高い自律権を獲得した経緯に触れる。

　カリフォルニアに州立大学を設立しようという構想は、米墨戦争の末に同

地がメキシコからアメリカに割譲された 1848 年の翌年に開催された、初めての州憲法制定会議ですでに発案されていた。1850 年に制定した最初の州憲法では、州議会が州立大学を設立することを認める旨の規定がある。しかし、その当時は州立大学の設立の構想は具体化せず、州にはキリスト教の宣教協会の聖職者が運営する、小規模な私立学校が複数あるのみであった。その一つとして、1853 年にオークランドに「コントラコスト・アカデミー」(the Contra Cost Academy) という名の私立学校が設立され、1855 年には法人格を得て「カリフォルニア・カレッジ」(the Collage of California) と改名された。州はこれに州民を受け入れる高等教育機関としての役割を期待し、公用の土地を安く払い下げるなどしたが、それでも同カレッジの資金繰りは厳しく、巨額の借金があった。

　一方、1862 年には、連邦政府が、各州において農業者や工学技術者等を育成する高等教育機関を設置することを目的に、土地を無償譲渡するためのモリル法[4]を成立させた。各州は、払い下げられた土地の売却資金等を元手に、農学や工学に係る職業教育を行う高等教育機関を設立することが可能となり、カリフォルニア州もその恩恵を受け、ランド・グラント大学[5]として「農学・鉱学・機械工学カレッジ」(the Agricultural, Mining and Mechanical Arts College) を設立した。しかし、学校の運営に必要な校舎や人材がなく、実体を伴わなかった。

　1867 年には、私立のカリフォルニア・カレッジが州に対し、州に土地や建物を寄進し、州立大学として、農学や工学のみならず文学や法学、薬学なども扱う総合大学を設立する構想の提案を行った。州議会はこれを受け入れ、農学・鉱学・機械工学カレッジとカリフォルニア・カレッジを統合することとした。こうして、1868 年 3 月 23 日にカリフォルニア大学設置法が議会を通過し、州内唯一の州立大学として「カリフォルニア大学」(the University of California) が設立された。カリフォルニア大学のロゴには「1868」という年号が記載されているが、この年号を示している。創立当初は、10 人の教員と 40 人ほどの学生から始まったと言われる。新キャンパスはカリフォルニア・カレッジから引き継いだ土地の一部であるバークレーの丘に築かれることが決まり、その工事の間は、もとのオークランドで教育活動を行った。こ

(参考) 当時のカリフォルニア・カレッジの建物 (オークランド) (出典：Society of California Pioneers)

の時のオークランドの校舎もカリフォルニア・カレッジから引き継いだもの
であるが、それが存在していた場所が、今のカリフォルニア大学の総長本部
が存在するあたりである。

　1868 年のカリフォルニア大学設置法には、同大学の運営管理はカリフォ
ルニア大学理事会が行うと規定され、公職等による指定以外の理事は州知事
からの任命によるとされた。しかし、理事会には対外的に強い権限が与えら
れず、州議会から多くの政治的干渉を受け、大学運営について自律的に決定
することは難しかった。やがて、カリフォルニア大学は、その発足からわず
か数年あまりで州議会における政治の混乱に巻き込まれることとなる。

　その代表的な例が、1870 年代に、当時の不景気と農場の苦境を背景に台
頭した農場労働者団体である California State Granger との政治的な戦いであっ
た。同団体は、カリフォルニア大学が、州の新興富裕層と結託し、"紳士"
を育てるための西欧的な教育課程ばかりを重視し、州の貧富の格差を助長し
ていると主張した。そして、カリフォルニア大学はランド・グラント大学で
あるから、もともとのモリル法の理念に基づき、農業や鉱業等に係る職業教
育に専念するべきであるとし、農業者や鉱業者に有利となるような入学基準
の制定や、理事会を解体して農業関係団体の代表者を含む新たな運営組織を
立ち上げることなどを提案し、カリフォルニア大学を技術専門学校に転換す
るための法案まで議会に提出された。大学と政治家との争いは激化し、当時

は学長も短期間で何度も入れ替わり、大学での教育研究の発展は大幅に遅れ
ることとなった。

　その後、人口の急増や不景気、政治不信等に対応するための憲法改正の機
運が高まるなか、1879 年の州憲法制定会議において、カリフォルニア大学
を州憲法に位置付け、公益信託を受ける存在として理事会に高度な自律性を
担保するべきとの提案がなされた。州の政治家は大学に関する権限を失うこ
とに抵抗したが、憲法制定会議は、カリフォルニア大学への高い自律権の付
与に対する不安よりも、州議会への政治不信の方が大きく、提案は可決され
た。これによりカリフォルニア大学理事会の全権限は州議会から切り離され、
政治的な戦いからようやく開放されたカリフォルニア大学は、その後、自由
に羽を広げ、教育研究活動の充実と組織の成長に注力し、短期間で目覚まし
い発展を遂げた。

　このような歴史のなかで、カリフォルニア大学や社会が、もし実学を重視
する当時の社会的・政治的要請をそのまま受け入れていたら、同大学の多様
な教育研究の発展の機会は失われ、現在のような世界的な卓越性や州の繁栄
が実現することはなかっただろう。このような事例は、大学における知の創
造について、社会の短期的な要請を直接的に反映させることが必ずしも社会
に最大の利益を与えるわけではなく、大学が政治的争いに巻き込まれず、教
育研究活動を自律的に発展させるための環境を十分に整えることが、長期的
に社会に大きな価値を生むことを示す好例として捉えられる。

2　理事会の基本構造

　州憲法においてカリフォルニア大学について規定するのは第 9 条第 9 項
であり、(a)から(g)までの各号で理事会の自律権や基本的な構造等を定める。
前述のとおり、カリフォルニア大学理事会は州議会による法的規制を受けず、
州憲法に規定があること以外はすべてその自律的判断に任されることになる
ため、州憲法に何が規定されているかは重要である。換言すれば、理事会の
構造に係る州憲法の規定内容こそが、ほぼ完全な自律権を持つカリフォルニ
ア大学を州立大学として位置づけるための核であると言える。

　以下に、州憲法の規定を引用しながら、理事会の構造を詳説する。

(1) 理事会の自律権

> [条文に規定される事項[6]]
> ・カリフォルニア大学は公益信託をなし、組織と管理に関する全権をもつ「カリフォルニア大学理事会」により統治され、大学資産の保全やその無償譲渡の遵法性、契約締結や不動産売却、物品やサービスの購入における競争入札手続等の手続的事項に限って立法府の制限を受ける。(第9条第9項(a))
> ・カリフォルニア大学はすべての政治的干渉や派閥的な影響から完全に独立し、理事の任命やその職務の遂行もこれらの影響を受けない。(同項(f))
> ・カリフォルニア大学理事会は法的所有権を有し、大学の資産の取得、保持、運用、処分を自由に行うことができる。ただし、競争入札のような所定の手続的規制に則る必要がある。なお、土地を売却した場合には、その利益は所定の手続によりすべてカリフォルニア大学理事会に帰属する。(同項(f))

　一つめの規定が、州憲法がカリフォルニア大学理事会に対して自律権を与えている根拠である。理事会は一定の事項を除いて大学の管理と運営に関する全権を持ち、基本的に立法府の制限を受けないという排他的で強大な権限を与えられている。例外的に州が大学に対して権限を持つ事項のうち、無償譲渡の遵法性を含む大学資産の保全に関することについては、歴史的に大学資産にモリル法による連邦の土地の払い下げ資金が多く入っていたこと等を踏まえ、大学資産が浪費されることを防ぐ観点であると解される。現代的文脈では、州の補助金が適切に使われているかという観点を中心に州は大学に対して監査を行っており、必要に応じて勧告を行う。大学資産の投資を含む資産の活用の在り方等について州議会による立法がなされているわけではないことには留意が必要である。

　また、二つめのとおり、カリフォルニア大学は政治的干渉や派閥的な影響を受けないこととし、理事の任務遂行も含めて政治的独立性を強調している。

　三つめは理事会に法人格として財産権の主体となることを認めるもので、理事会が大学の資産の取得や処分を自由に行えることを規定している。個々のキャンパスの資産やそれによる利益もすべて理事会に帰属する。

（2）理事会の構成員

- カリフォルニア大学理事会は、7 人の職権理事（州知事、州副知事、州下院議長、州教育長、カリフォルニア大学同窓会の会長と副会長、カリフォルニア大学総長）と 18 人の任命理事（州知事が任命し上院議院の承認を受けた者）から成る役員会の形態をとる。また、これらの理事の任期は 12 年とする。（同項(a)(b)）
- カリフォルニア大学理事会が自ら定める手続きにより、カリフォルニア大学または他の高等教育機関の教員とカリフォルニア大学の学生の両方またはいずれかを理事として任命できる。任期は 1 年である。（同項(c)）
- 州知事は、理事を選出する際に助言委員会への相談を行う必要がある。当該助言委員会の構成員は、州下院議長、州下院議長から任命された 2 名の公職者、州上院議長と州上院議院の議事運営委員会が任命する 2 名の公職者、州知事が任命する 2 名の公職者、カリフォルニア大学理事会の議長、大学同窓会代表者、学生代表者、教員代表者とする。（同項(e)）
- 理事は、少数民族や女性も含み、州の経済的、文化的、社会的多様性を反映できる必要がある。ただし、理事の選出において、これに関する特定の枠組みや割合が適用されるべきではない。（同項(d)）

　はじめの二つの規定は理事会の構成員を定める。理事には、特定の役職にある者が理事を兼ねる者（職権理事）と、州知事からの任命による者（任命理事）が存在する。職権理事のうち現職の学内者は総長のみであり、任命理事も学外者である。また、内規では、理事としてさらに学生 1 名を含むこととしており、現行のカリフォルニア大学の理事は、職権理事が 7 名、任命

理事が 18 名、学生理事が 1 名の計 26 名である。

　また、教員によるガバナンス組織であるアカデミック・セネイトの議長と副議長は、投票権はないものの、理事会においてメインテーブルに着き、議論に参加する。理事会の冒頭には、理事会議長と総長とともに、アカデミック・セネイトの議長が大学運営の在り方等について意見を述べる機会がある。さらに、職員代表 1 名と次期職員代表 1 名、次期学生理事 1 名も、投票権を持たないメンバーとして議論に参加する。

　憲法において理事会の政治的中立性が強調されるなか、26 名の理事のうち 18 名は州知事の任命者であり、州知事の理事会に対する権限が強くなりすぎないかが懸念される。この点、任命理事の任期が 12 年と長く、かつ、各理事の任期の始まりが理事により異なることがこれを緩和している。州知事の任期は 4 年であり、再任をしても最高 8 年と、理事の任期よりも短く、理事の過半数が同じ州知事から任命された者となることは稀である[7]。また、州知事には解任権はないため、ひとたび任命されれば、理事は解任を恐れずに自らの信条に沿って行動することができる。さらに、理事の任命に際しては、三つめの規定のとおり、多様な立場の者からなる助言委員会からの意見を聞く仕組みも設けられている。なお、内規においては、任命された理事は、州民の信託を受けた者として州民にとって最大の利益となるよう行動すべきことが規定されている。このように、理事を州知事の任命によることとしつつも、政治的立場の偏りが極力避けられる仕組みとすることが意識されている。

　四つめの規定については、理事会は、州における多様な立場の者の意見を反映させる場であることから、理事の選定にあたって経済的、文化的、社会的多様性が考慮される。ただし、その目的のために特定の枠組みや割合を採用することを禁じているのは、あらゆる政策分野でアファーマティブ・アクションを禁止する州全体の方針によるものである。

(3) 会議の公開

カリフォルニア大学理事会は、原則として公開される。(同項(g))

　理事会は原則として公開であり、開催中はプレスを含む傍聴者を会場内に受け入れるとともに、オンラインにより毎回リアルタイムで配信され、1年間はアーカイブを視聴できる。例外として、人事や訴訟等の機微な議題は非公開で行われる。理事会は、社会の要請を大学に伝え、それへの対応を大学が社会に伝えるための架け橋となる存在であるとともに、大学運営に係る重要な意思決定が行われる場であるため、議論の様子を公開することは大学のアカウンタビリティに直接的に資している。

　なお、毎回の理事会の冒頭には、パブリックコメントの時間が設けられ、あらかじめ登録をした者が、理事や全学長等の前で発言をする機会を与えられる。内容としては、学生や大学職員の経済的窮状に関する訴えも含まれる。大学への要望等について、理事、総長、学長その他の執行幹部等の前で発言する機会を得られることは貴重な機会である。なお、パブリックコメントでの内容は要約され、議事録としても公表される。

（4）理事会の内部統治権

> ・カリフォルニア大学理事会は、組織全体の効率的な運営のために必要なことを行う全権限を有する。また、必要に応じて、一部の機能を委員会等に委任できる。(同項(f))

　カリフォルニア大学理事会には、テーマ別の審議を行う委員会が設けられており、常任委員会としては、学術・学生委員会、コンプライアンス・監査委員会、財政・資産戦略委員会、管理・給与委員会、福利厚生委員会、公共・資金調達委員会がある（表2-1）。このほか、必要に応じて、さらに特化したテーマによる小委員会や特別委員会を設けることもでき、例えば国立研究所小委員会、投資小委員会などがある。

　委員会は、それぞれ5〜10人程度の職権理事以外の理事（任命理事と学生理事）と数名の職権理事で構成される。また、1人以上の学長と、必要に応じてその分野の専門的知見を持つ者を、投票権のないアドバイザーとして参加させることができる。例えば、福利厚生委員会には州立の保健医療機関の

表 2-1　**各委員会の構成員**（2017 年 7 月時点）

委員会	任命理事または学生理事	職権理事	学長	その他
学術・学生委員会	13 名	知事、教育長、理事会議長、総長	5 名	アカデミック・セネイト議長、職員（1 名）
コンプライアンス・監査委員会	9 名	知事、理事会議長	4 名	アカデミック・セネイト議長、職員（1 名）
財政・資産戦略委員会	7 名	知事、総長、理事会議長	5 名	教員代表（1 名）
管理・給与委員会	9 名	知事、総長、理事会議長	—	—
福利厚生委員会	5 名	知事、総長、理事会議長	2 名	8 名（州立の保健医療機関の幹部など）
公共・資金調達委員会	9 名	知事、総長、理事会議長	6 名	—

※理事のみ投票権がある。

　幹部などが委員に指名されているほか、教員代表者も多くの委員会に同席する。なお、特別の規定がない限り、各委員会において投票権を持つ者は理事のみである。

　こうした委員会は、全体会での審議に資するよう、各案件についてより深い議論を行い、論点を整理する役割を持つ。委員会に判断が委ねられる案件もあるが、以下のような重要事項については、必ず全体の理事会でも審議・決定されることとなっている。

- ・（ガバナンスに関する事項）理事会規則等の改正、理事会に属する委員会の創設や廃止、理事会の議長・副議長や学生理事の任命、理事や委員会の構成員等が十分な責務を果たしていないことに関する申立手続の採択など
- ・（学術に関する事項）入学基準・卒業基準の承認、カレッジやスクール等の設置や廃止、教育課程の新設や廃止など
- ・（財政や資産戦略に関する事項）予算や州への要求に関する承認、授業料や手数料の額の承認、上級幹部の任命や給与の承認など

・その他、投資計画、コンプライアンスに関する事項など

(5)　差別の禁止

> ・カリフォルニア大学の構成員となる場合に、人種、宗教、民族、性別
> によって差別されない。(同項(f))

　州憲法におけるカリフォルニア大学の規定のうち、唯一、理事会以外のことについて触れるのが本規定である。特に公立機関としての位置づけを踏まえ、構成員（教員、職員、学生）に係る差別の禁止について規定している。理事会での議論でも、多様性（diversity）は特に重要な視点として取り上げられ、各構成員の多様性の達成度についてもよく確認される。

　このように、州憲法は、カリフォルニア大学理事会に大学運営に係るほぼ全権を与え、政治的影響を受けないよう高い自律性を担保するとともに、州民の声を大学運営に反映させるための構造を詳しく定め、州立大学としての位置づけを与えている。

第2節　理事会の実態

1　理事の顔ぶれ

　カリフォルニア大学の理事になることは州民にとって大きな名誉である。任命理事には、州で活躍する著名な企業や慈善団体等の経営者などが揃う。理事会は、事業経営に関する優れた知が結集されたコンサルタント集団であり、総長本部の上級幹部による運営状況や成果の報告に対する厳しい指摘や助言を通じて、大学の経営力をさらに高いレベルに引き上げる。

　理事は、任命当初は大学行政に明るいわけではないが、一連の研修プログラムを受けるほか、12年という長い任期のなかで、他の理事や学長等との対話、視察などを通じて、民間の経営とは異なる大学の特性を学びながら、大学経営について必要な識見を身につける。

　実際の理事の顔ぶれとして、**表 2-2** の各理事の職業や実績を見ると、どの
理事も各分野において卓越した業績と高い地位を持つことがわかる。一方で、
理事の選ばれ方に一定の偏りがあるのではないかとの指摘も存在する。業種
やサービス形態に着目すると、メディアやエンターテイメント、政治、投資、
法律の分野が中心であり、突出した富裕層で、実業界や政治に大きな影響力
を持つ財界人である。教育事業や高等教育のガバナンスに関与したことがあ
る者は数名のみと少ない。20 世紀半ばにも同様の指摘があり、多くの理事
が巨大企業、石油、法律、メディア、政治の世界から来ていると言われてい
た。現在も、このうち石油産業がエンターテイメント産業に替わったのみで、
大きな傾向は変化していない。

表 2-2　任命理事の顔ぶれ [8]（2017 年 7 月時点）

氏名	任命年 （※括弧内は任命知事）	役職 [9]
Sherry L. Lansing	1999（デイビス） 2010（シュワルツネッガー）	・Sherry Lansing Foundation 創設者 　※癌研究や教育等を振興する財団 ・Paramount Pictures' Motion Picture Group 前代表取締役兼最高経営責任者 　※映画会社
Monica Lozano （議長）	2001（デイビス） 2014（ブラウン）	・US Hispanic Media, Inc. 代表取締役 　※ WEB 上で週刊誌等を提供するメディア 会社 ・ロックフェラー財団等の役員
Norman J. Pattiz	2001, 2003（デイビス） 2014（ブラウン）	・Westwood One 創設者 / 代表取締役 　※米国最大のラジオ放送局 ・Courtside Entertainment Group 最高経営 責任者 　※スポーツ系のエンターテイメント会社
Richard C. Blum	2002（デイビス） 2014（ブラウン）	・Blum Capital Partners L.P. 代表取締役 ・Newbridge Capital LLC 共同代表取締役 　※ともに投資会社

William De La Peña	2006（シュワルツネッガー）	・眼科医 ・De La Peña Eye Clinic 創設者／医長 　※州南部の眼科系医療グループ ・Latin American Society of Cataract and Refractive Surgeons 創設者 / 長 　※眼科教育のための非営利機関
Bruce D. Varner	2006（シュワルツネッガー）	・Varner & Brandt 法律事務所 共同経営者
Hadi Makarechian	2008（シュワルツネッガー）	・Makar Properties Inc. 代表取締役 　※不動産会社
Bonnie Reiss（副議長）	2008（シュワルツネッガー）	・Schwarzenegger Institute for State and Global Policy at the University of Southern California グローバルディレクター 　※教育、エネルギー、健康等に係る公共政策について様々なプログラムを実施 ・環境や教育に関わる非営利団体の創設 ・弁護士資格
George Kieffer	2009（シュワルツネッガー）	・Manatt, Phelps & Phillips 法律事務所 共同経営者兼取締役
Charlene Zettel	2009（シュワルツネッガー）	・Donate Life California 前最高経営責任者 　※米国最大規模の登録者数を持つ臓器提供のための州公認の非営利団体
Eloy Ortiz Oakley	2014（ブラウン）	・カリフォルニア・コミュニティ・カレッジ学長
John A. Pérez	2014（ブラウン）	・州下院名誉議長、元州下院議員
Richard Sherman	2014（ブラウン）	・David Geffen Company 最高経営責任者 　※投資運用会社
Gareth Elliott	2015（ブラウン）	・Sacramento Advocates, Inc. 共同経営者 　※ロビー会社 ・元・知事室の法律担当秘書官
Maria Anguiano	2017（ブラウン）	・Minerva Project Inc. 最高財務責任者 　※大学を設置する株式会社
Howard Peter Guber	2017（ブラウン）	・Mandalay Entertainment Group 代表取締役兼最高経営責任者 　※映像を媒体とするエンターテイメント会社
Lark Park	2017（ブラウン）	・ブラウン知事の政策担当シニアアドバイザー
Ellen Tauscher	2017（ブラウン）	・Baker, Donelson, Bearman, Caldwell, and Berkowitz 法律事務所　戦略アドバイザー

2　理事会の開催

　理事会は、通常、隔月で 2 日間、時に 3 日間連続で開催され、特別な案件がある場合にはこの会期の間も招集される。場所は、サンフランシスコ校のミッション・ベイ地区にある会場で行われることが多い。かつては各キャンパスが持ち回りで会場を提供していたこともあったが、授業料値上げ等の議題が扱われる際の学生デモを地元の警察では阻止しきれなかったことから、特に優秀と評されるサンフランシスコ市警が管轄し、警備がしやすい構造を持つ現在の建物で開催することになった。2020 年のコロナ危機の発生以後は、一時的にすべてオンラインで開催されているが、それ以前の現地での開催の様子を紹介する。

　理事会当日は、州知事や総長をはじめとした要人が集まるため、建物の内外は 30 名以上の警官で警備され、表と裏の 2 つの入り口以外は封鎖される。建物の入口と会場となる部屋の入口の 2 箇所で氏名等を確認され、大学職員であっても事前に名前を登録する必要がある。傍聴者の場合には、身分証の提示のほか金属探知機によるボディチェックや荷物チェックが求められる。

　会場の奥には、理事、総長、学長、執行幹部、職員等の専用の休憩所がある。様々な種類の飲み物と朝食、昼食、軽食などの食事が豊富に提供され、丸一日をかけて議論を行う準備が整っている。また、この場は、関係者が情報交換をする重要な社交の場でもある。

　理事会は、朝 8 時半から開催される。多くの参加者はそれより早く集まり、非公式の議論や情報収集等を行う。一日目は全体会を行い、全理事、アカデミック・セネイトの議長、職員代表等が一堂に会する。理事会の議長から挨拶と重要事項の伝達を行った後、パブリックコメントとして、大学の学生や職員等を含める一般の人々が通常 1 人 2 分間自由に意見を述べ、理事等は全員、発言者の方を向いて話に真摯に耳を傾ける。その後、理事会の議長、総長、アカデミック・セネイトの議長の 3 者から一言ずつ発言をした上で、報告事項や懸案事項の共有等が行われる。

　全体会が終わると、建物内の別の会場で行われる 2 つの委員会に分かれて議論をし、一日に 2 〜 4 の分野別委員会が開催される。2 日目は全体会を行うが、その中では担当理事が前日の各委員会の報告を行った上で、案件に

ついて全員で議論を行い、採決をする。この日の昼食はランチボックス形式になっており、会場で食事を取りながら一日をかけて休みなく議論を行う。

　なお、全体会も委員会も、傍聴者や職員等を会場に入れて公開で議論をする部分と、理事のみで議論を行う非公開の部分がある。後者の場合、理事以外は全員会場の外に出て待機する。

3　理事会における議論

　理事会における議論の様子を紹介するために、2017 年に行われた議論の一例を取り上げる。経緯としては、州政府が、カリフォルニア大学の各キャンパスが州外学生（留学生や他州からの学生など、州内における居住年数が 1 年未満である学生）の割合を年々増加させていることにより、州内学生が希望するキャンパスに入りにくくなっているとの監査報告書を公表し、これを踏まえて、州外学生の入学制限の基準を設けることを要請した。そして、これを受け入れない場合には、同年度における入学定員増加分の補助金を措置しないと通告した。

　カリフォルニア大学では、州外学生から追加的な授業料をとる仕組みを設けており、これは、州内の貧困家庭への経済支援の充実や各キャンパスの教員人件費等の重要な財源となっている。州からの補助金が年々減少していく中で、財源確保のために州外学生の枠を広げることがやむを得ないという事情があり続けてきた。しかし、これにより州内学生が閉め出されているという事実はない。州議会からの要求にどう対応するかという重要な議論が行われる理事会の場において、総長は、すでに州外学生の割合が 20% を超えている 3 キャンパスについてはその割合は据え置きとし、それ以外のキャンパスについては全体の平均が 20 % に到達した時点で、その時点の各キャンパスの割合を据え置きにするという案を諮った。これに係る議論における理事の意見の一部を以下に取り上げる。

　［州外学生の受入れに係る財政的価値に着目する意見］
　・ 州外学生が支払う高い授業料は、各キャンパスの教員人件費等にも充てられており、これを通じて州内の学生の利益にもなっている。州外学

生への制限を採択すべきではない。
・州外学生を制限することにより財源が不足し、経済支援が必要なマイノリティの学生を増加させられなくなることを懸念する。
・州外学生からの追加的な財源があれば、例えばファースト・ジェネレーションの需要に対処するための画期的なプログラムを創設することもできる。
・学生 1 人あたりの教育コストは昔よりも低い水準となっているが、大学はさらに、年金基金等に対する州の支援不足により、教育資金をこれに充てなければならない状況である。各キャンパスが負債を負い、施設維持のための資金も欠いているような状況で、貴重な財源ともなる追加的な授業料を納める州外学生を制限することは疑問である。
・以前出席した香港のチャリティーの集まりでは、バークレー校卒業者だけで 500 人もいて、その多くが大変成功していた。カリフォルニア大学を卒業した大勢の留学生がキャンパスに多額の寄付をしている。留学生からの大学への寄付金に関する情報も踏まえて判断する必要がある。

［州外学生の多様な価値に着目する意見］
・州外学生の存在価値を議論するにあたり、これらの学生が追加的な授業料を収めるという財源の観点からのみ語るのは適切ではなく、州外学生が大学の教育水準等の観点でどのような価値をもたらしているかという視点も重要である。
・州外学生の卒業率、退学者の割合、成績等に係るデータを見る必要がある。州外学生の成績は州内学生以上であるという調査結果もある。
・州内学生と留学生（州外学生）との間で生まれる国際的な関係も重要である。
・州外学生の制限による大学の多様性への影響が懸念される。州内学生と比較したときの州外学生の多様性に関する情報も踏まえて判断を行うべきである。

［キャンパスの発展に着目する意見］

・ システム全体として 20％ の平均に達したら他のキャンパスも州外学生
　 の割合を凍結されるという案に反対である。カリフォルニア大学の目標
　 の一つは、若いキャンパスが他のキャンパスと同様に州外学生を獲得し、
　 卓越していくことである。上位 3 キャンパスについては今の割合を維
　 持することとした上で、各キャンパスに一定の制限割合を適用する方
　 がいいのではないか。
・ 現在案では、どのキャンパスも急いで州外学生を増やそうという競争を
　 生むことになるが、これは適切ではない。
・ 20％ の全体平均に達した際、その時点で州外学生の割合が 10％ 以下
　 しかないキャンパスがどうなるのか考えてみるべきである。そのキャ
　 ンパスは、今後の軌跡を描けるか。全体平均で 20％ ということではな
　 く、全キャンパスに 20％ の制限をかける方がいい。

［その他の意見］
・ 州は大学に対して、州外学生の入学制限に関する方針を採択することを
　 一部の予算と引き換えに要求しているが、大学はこの追加的な資金を
　 受け取らず、入学制限を設けないという選択肢もあるのではないか。

　これらの理事の意見を受け、その場では総長の提案は可決されず、案件は
次の理事会に持ち越しとなった。総長は、「州政府はカリフォルニア大学に
対して、州外学生に入学制限をかけることは必要でないのに、それを要求し
ている。データ分析やキャンパスからの要請に基づき最良の選択を採ること
が、理事の信託上の責任である」と発言して議論を締めくくった。最終的に
は、理事たちの意見と理事から求められたデータや情報、それを踏まえたそ
の後の審議により、総長がはじめに理事会に示した案ではなく、すでに州外
学生の割合が 20% を超えている 3 キャンパスは現状の割合を維持し、それ
以外のキャンパスについては一律に 18％ の制限をかける方針が決定された。
　このように、理事会では、大学運営の重要な方針に関する率直な議論が行
われており、これらはあらかじめ調整されたものではない。そのために一度
で話がまとまらないこともあるが、理事会が大学運営に係る重要な判断を現

実に行う場であるからこそ、毎回の理事会の議論には迫力があり、総長本部や各キャンパスの職員も、どのような方針が決定されるか、また、その過程でどのような意見が出るかを毎回オンラインで注意深く見守る。

4　自律性を支える理事会の機能

　カリフォルニア大学が高い自律性を持つなかで、補助金を交付する権限を持つ州議会からの実質的な政治的介入は常に存在してきた。例えば、同大学には世界の多くの優れた教員や学生が集まることにより国際化が進み、これによる教育研究活動の繁栄が州に大きな経済効果をもたらしているが、州議会はたびたび、州立大学として州民のための大学であることを要求してきた。州立大学としての使命はカリフォルニア大学自身も自覚するところであるが、問題は、州議会が大学全体の状況を踏まえず、目的に対して最善でない特定の手段を強要することである。先に取り上げた州外学生の入学制限の要請の例のほかにも、同年度には、世界の優秀な学生を集めるための奨学金プログラムの新設に係る大学の提案が事実上阻止された。大学の教育研究の質の向上のためには、世界から卓越した学生を積極的に受け入れることも効果的であるが、そのような方向性は、直接的な州民の利益を求める州議会の納得を得られ難い。

　このような州議会からの絶え間ない介入がある状況の中、カリフォルニア大学が教育研究の質の向上のために自律的に意思決定を行うことが出来てきたのは、憲法による理事会の自律権に係る制度的保障を土台とし、理事会における活発な議論を通じて大学運営の重要事項を決定するプロセスが実質的に機能してきたことが大きい。強力な政治的介入に対して理事会が防波堤になることで、大学システム内の個々のキャンパスの自律性も守られてきた。また、経営等に係る州のトップ人材が大学の特性や実情をよく理解した上で行う戦略的な判断が、社会における大学の競争性を高めてきた。150 年もの間、理事会の仕組みが形骸化されずに真の議論に基づく意思決定が行われていることが、憲法で保障された大学の自律性に命を与える欠かせない要素となっている。

注

1 カリフォルニア大学とカリフォルニア州立大学は個々のキャンパスには理事会は存在しないが、カリフォルニア・コミュニティ・カレッジには、各学区の固定資産税をも資源としていること等の理由から、各カレッジにも学区内の住民による理事会に相当する組織を置くことができる。なお、カリフォルニア大学の理事会は "the Board of Regents"、カリフォルニア州立大学の理事会は "the Board of Trustees"、カリフォルニア・コミュニティ・カレッジのシステムレベルの理事会は "the Board of Governors"、学区ごとの理事会は "the Board of Trustees" という名称である。

2 C. Judson King (2018) *The University of California :Creating, Nurturing and Maintaining Academic Quality in a Public University Setting.* Center for Studies in Higher Education, University of California, Berkeley CA, p.97

3 アメリカの州立大学システムの理事会は、教育委員会と同様、しばしば "lay board"（素人委員会、住民委員会などと訳される。）と呼ばれる。

4 The Morrill Land-Grant Acts (1862 年)

5 モリル法に基づく土地付与により設立された大学をランド・グラント大学という。

6 経過措置等一部の細かな規定は省略して示している。以下同じ。

7 2021 年には、全体の理事の半分にあたる 13 名が当時のジェリー・ブラウン知事からの任命となった。

8 カリフォルニア大学理事会ホームページ（2017 年 7 月時点）より作成。

9 Chairperson は代表取締役、Chief Executive Officer は最高経営責任者、Partner は共同責任者、Member of the Executive Committee は取締役と訳している。

第3章
マルチキャンパス・システムと経営組織

　カリフォルニア大学は、1つの理事会が最高経営責任者である総長を任命し、これを通じて10のキャンパス等を統括するが、このような仕組みを「マルチキャンパス・システム」と呼ぶ。より厳密な定義について、全米の州立大学システムの長により構成される全米システム長協会（the National Association of System Heads）[1]によると、マルチキャンパス・システムとは「複数の、実質的な自律性を持ち、最高経営責任者または最高執行責任者により統治される大学が、これらの個々の大学の最高経営責任者等ではないシステムレベルの最高経営責任者が仕える1つの理事会により運営されるシステム」である。

　マルチキャンパス・システムは、現在アメリカの多くの州で採用されているが、具体的な形態はそれぞれ異なり、いくつかの観点から分類することができる[2]。

　まず、1つのシステムが抱えるキャンパスの使命や形態が同一か多様かで分けることができる。同一である例は、カリフォルニア州の3層の各州立大学システムである。前述のとおり、カリフォルニア大学、カリフォルニア州立大学、カリフォルニア・コミュニティ・カレッジはそれぞれ異なる使命が与えられているが、1つのシステム内のキャンパスは同じ使命を持ち、どのレベルの学位を授与するか等の形態も共通している。一方、ニューヨーク州立大学などは、1つのシステムに、総合研究大学や専門職大学、コミュニティ・カレッジなどの多様な使命・形態の大学が存在する。

　また、創設の経緯によっても区分でき、既存の複数の大学が事後的に1つのシステムに統合されたものと、既存の1つの大学を中心に新たにキャン

パスが増設されていくことでシステムを形成したものがある。

　アメリカの州立大学におけるマルチキャンパス・システムの多くは、1880 年代から 1970 年代の間に前者の経緯により誕生した。初期の例として、1889 年にサウスダコタ州が初めて、総合大学、農業大学、鉱業大学などを含むすべての州立教育機関を、知事の任命による理事から構成される 1 つの理事会に統治させることを州憲法に位置づけたというものがある。また、同時期に他の複数の州でも同様のシステムが生まれた。

　このようなシステムが創設された主な目的は、州政府から各大学への非生産的な政治的介入を避けることや、州の補助金の獲得に係る大学間の熾烈な競争について州政府の煩雑な調整の手間を避けることであった。また、財政的調整に限らず、州政府は、州立大学の運営に何か影響を及ぼそうと思った時に、各キャンパスと個別にやりとりするのではなく、システムの窓口に要求し、交渉相手を一本化することもできる。このように、多くのマルチキャンパス・システムは州政府と大学の両者の利益を担保するために誕生し、理事会には、キャンパス間の調整、州からの補助金の分配に係る方針決定、州政府と大学の声を伝達・調整するための窓口としての役割が期待された。

　一方、1 つのキャンパスから始まって、次々とキャンパスを増やした例としては、カリフォルニア大学が挙げられる。同大学は、1868 年の創立当初から約 50 年間はバークレー校のみであり、州の人口増加の影響も受け、この時代にバークレー校は全米で最大規模のキャンパスへと成長した。1919 年には、既存のロサンゼルス師範学校を吸収して南分校とし、1927 年にロサンゼルス校と改称した。また、1944 年にはサンタバーバラ州立カレッジを吸収し、1958 年にはサンタバーバラ校として位置付けた。その後、1959 年には農学専門学校からデイビス校、柑橘類研究所からリバーサイド校が正式なキャンパスとして認定された。1960 年には、世界最大で最古の地球科学と海洋学の研究所であるスクリップス研究所に隣接してサンディエゴ校が建設され、1964 年には、医科、歯科、薬学、看護分野の附属のカレッジが正式にサンフランシスコ校として認められた。さらに、1965 年にはアーバイン校とサンタクルズ校が、2005 年にはマーセド校が新たなキャンパスとして築かれた。

　本章では、キャンパスをとりまとめるシステム全体の組織である総長本部
と各キャンパスの執行部の基本的な構造や権限分担等について取り上げる。

第 1 節　執行部の構造

1　基本構造

　図 3-1 は、総長本部が作成したカリフォルニア大学の執行部の基本構造で
あり、主に経営的事項の意思決定プロセスに関わる組織が示されている。

　まず、最高意思決定機関として理事会があり、理事会はその運営を補佐す
る独立した事務局を持つ。理事会が決める方針に基づき実際に大学運営を執
り行うのが執行部（administration）であり、その最高責任者である総長が理事
会から任命される。教員によるガバナンス組織であるアカデミック・セネイ
トは点線でつながっており、これは同組織が経営的事項についても、予算を
はじめ大学運営全般に係る重要事項について助言する権限があることを示し

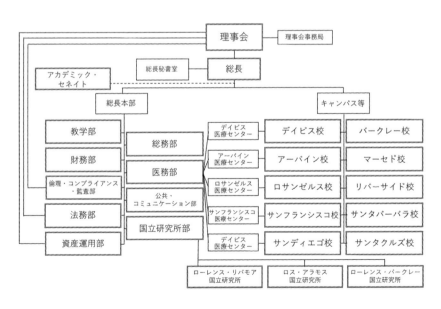

図 3-1　カリフォルニア大学の執行部の組織図（総長本部作成、一部改編）

ている。なお、アカデミック・セネイトは理事会に直接進言する権限も持つため、理事会に対して直接責任を負う面もある。本図は執行部が作成した経営的事項の意思決定プロセスに係る組織図であるため、アカデミック・セネイトの関わりが補足的に描かれているが、学術的事項については同組織が最終決定権を持つなど、本図には表れていない権限関係があることに留意する必要がある。

　執行部は、キャンパス横断的な事項を扱う総長本部と、各キャンパスにおける執行部とに分けることができる。図の左側は総長本部の内部部局を示し、組織改編により変わりうるが、概ね 6 〜 12 程度の部局を持つのが通例である。右側はキャンパス等の組織であり、10 の総合研究大学と 5 の学術医療センター、3 の国立研究所が示されている。以下に、このような執行部の各組織の基本的な役割と構造を詳述する。

2　各組織の役割と構造
（1）総長

　総長（President）は、理事会に任命され、理事会に対して直接責任を負い、理事会の決定する方針を踏まえて大学システム全体の運営を行う最終的な責任を負う。最高投資責任者やコンプライアンス・監査担当上級副総長の一部の独立した責任を除き、大学運営の統括を行う最高幹部である。学術的事項については教員によるガバナンス組織に最終的な決定権限があるが、総長は当該組織の会長としての形式的な位置付けを持ち、アカデミック・リーダー（academic leader）としての役割を果たすことが期待されている（Bylaws 30）。総長の任期は決められておらず、本人が退職を決断するか、理事会による解任の決議がなされない限りはその職を務め続ける。

　総長は、複雑なガバナンス構造を持つ大学組織においてリーダーシップを発揮するため、学内の多様な関係者と信頼関係を構築する必要がある。例えば、理事、アカデミック・セネイトの議長、各キャンパスの学長など、各組織のトップ層との日常的な交流や情報共有を行い、信頼関係を構築する。大学運営に係る課題は経営的事項から学術的事項まで幅広く、教員、職員、学生など構成員の立場等により異なる意見が存在し、また、州議会からの要請

やキャンパスごとの方針との調整が必要であるなど、多様性と複雑性が存在するため、組織を 1 つにまとめるためには各方面との連携が特に重要である。これに関連し、内部規則においては、総長は教育研究政策に関連して、学内や州政府、連邦政府内での重大な動きに係る情報について、学長やアカデミック・セネイトに常に共有するべきことが義務付けられている（Standing Order100.4 (j)）。

　また、学外との関係も重要である。大学は、州政府や連邦政府、外国政府、寄付者、地域の人々、産業界、研究プログラムを共同実施する企業や財団等、様々なステークホルダー等を有するが、総長は、これらの外部の者との日常的な交流を通じて連携の促進を図る必要がある。特に、州からの財政支援に関わるため、州議会との関係は重要である。日常的に大学の成果を強調し、存在感を発揮するとともに、州議会からの要望など具体的な案件を調整する面でも総長の力量が問われる。2013 年 9 月からの第 20 代総長には、オバマ政権における国土安全保障長官を務めたジャネット・ナポリターノ（Janet Napolitano）氏が女性初の総長として就任したが、これは激減する州からの補助金を政治的手腕により回復することを期待されてのことであった。また、2020 年 8 月には、新型コロナウイルスによる甚大な被害と、黒人による人種差別抗議運動（Black Lives Matter）が全米で加速するなか、第 21 代総長として、医学博士号を持ち、国内の医学分野の団体において強力なリーダーシップをとってきたマイケル・ドレイク（Michael Vincent Drake）氏が、黒人初の総長として就任した。

(2) 総長の選考

　総長の選考にあたっては、理事会の下に、選考基準案の策定と候補者の選出を行うための特別委員会（Special Committee）が立ち上げられる。

　特別委員会は、理事会議長、前理事会議長、現総長、同窓会会長、学生理事の 5 名が構成員となり、これに加え、理事会議長が任意の者を 6 名まで指名する。また、理事会議長はこれらの者の中から議長と副議長を指名する。

　また、特別委員会とは別に、選考基準や候補者等について事前に意見を求めるための教員助言委員会（Academic Advisory Committee）を組織する。この委

員会は、各キャンパスの教員代表者 1 名以上とアカデミック・セネイトの議長を含む 13 名以下の委員から成る。

　同様に、学生、職員、同窓会員についてもそれぞれ助言委員会を組織することができる。この場合、学生の助言委員会は大学の学生協会（the University of California Student Association）が、職員の助言委員会は大学の職員団体（the University of California Staff Assembly）の幹部会議長が、同窓会の助言委員会は同窓会協会（the Alumni Associations of the University of California）が、各キャンパスの代表者 1 名以上を含むように指名し、合計 12 名以下で組織される。これらの助言委員会が組織されない場合でも、総長選考にあたっては、多様な立場の者との議論を通じたプロセスが重視され、教員助言委員会のみならず、学生、職員、同窓会会員、学長、研究所所長など幅広い立場の者との議論を通じて、選考基準案の策定や候補者の選出が行われる。

　選考基準は、リーダーシップ、マネージメント力、パーソナリティ等のカテゴリーごとに、大学組織の価値への理解、シェアード・ガバナンスの尊重、効果的な資源配分能力、あらゆるセクターとの対話・交渉能力などの要素を含む、それぞれ 10 程度の定性的な基準が定められる。特別委員会が助言委員会等からの意見を聞き入れた上で選考基準案をまとめ、最終的に理事会が承認する。

　その後、当該選考基準をもとに特別委員会が候補者を選定するが、人材バンクの民間企業等と連携するとともに、教員助言委員会の意見も聞きながら、国内のみならず世界中の人材を対象に調査・選考する。候補者が最終的に 1 人に絞られると、理事会で過半数の賛成投票を得た上で、理事会より任命される。

(3) プロボスト・副総長

　総長は、理事会における職権理事としての権限を除く大学運営に係る権限について、他の者に委任することが認められており、これにより各政策分野を担当するプロボストや副総長に、一部の権限を委任している。

　このうち、各副総長よりも一段高い立場にあり、幅広い分野において総長を補佐するのが、組織のナンバー 2 の立場にあるプロボスト（Provost）であ

る。プロボストはアメリカの大学における一般的な役職であり、その役割と存在感は大きい。

　プロボストという役職のもともとの責任は、主に大学の学術的事項を教員組織と連携してとりまとめることにあった。それが、大学組織の複雑化・多様化に応じて、大学全体の統括に関する総長の作業負担の軽減と、教育研究の質の維持・向上のための学術面の充実への要請に対応するため、総長を直接補佐するプロボストに多様な貢献が求められるようになった。今日では、プロボストは機構内の予算の配分など大学運営に係る重要な決定権を担うほか、総長が不在のときは総長の代理も務める。また、シェアード・ガバナンスの理念を実現するための教員組織との日常的な綿密な連携をはじめとして、システム内の円滑な意思決定に寄与するための各組織のリーダーとの信頼関係の維持にも大きな力を発揮する。

　総長が、組織全体の顔として、政府や社会との対外的、政治的なやり取りに注力するなか、プロボストは組織の中をまとめあげる力強い内助の功としての役割を担う。総長とプロボストは「1つの箱の中にいる」と表現され、総長とプロボストが組織の内外に向かって背中合わせで戦いながら、巨大な組織を牽引していく。

　副総長は、学術（プロボストと兼務）、財務、総務などの各分野におかれる。どのような副総長を置き、どのような任務を与えるか、すなわち総長本部内をどのような組織構造とするかは、総長が決定するため、総長が大学運営において何を優先事項として考えるかにより変化する。例えば、ナポリターノ前総長のもとでは、研究成果の社会実装の促進を強化する観点からイノベーション・アントレプレナーシップ担当の副総長が新たに置かれたり、情報戦略部局の人員が強化されたりした。

　2020年時点の総長本部では、10の副総長（うち1名はプロボストと兼務）が存在する。

　なお、プロボストや副総長は、総長が招集する選考委員会による審議を経て、総長の推薦に基づき、理事会での賛成投票により決定する。候補者の選定にあたっては、総長が事実上大きな影響力を持つ。

（4）総長本部

　プロボストや各副総長は、任務の遂行のために複数の課からなる部局を形成する。このようにして、総長を最高幹部とし、総長から各分野の権限を委任されたプロボストや副総長を幹部とする巨大な組織が構成されるが、これが、カリフォルニア大学のシステムレベルの運営を担うカリフォルニア大学総長本部（UCOP: the University of California, Office of the President）である。

　総長本部が所在するビルは、オークランドという人口 40 万人ほどの港湾都市にある。オークランドは 1860 年代頃から鉄道の駅を中心に栄え、その地で採れるオーク材はサンフランシスコの街づくりに使われた。総長本部はかつてはバークレー校の近くに存在したが、マルチキャンパス・システムの発展に伴い、バークレー校のリーダーシップと、総長本部の全キャンパスを俯瞰するべきリーダーシップとを切り分ける必要があった等の理由から、この地に移転したと言われる。オークランドは、今では産業が衰退しているが、カリフォルニア大学の前身となるコントラコスト・アカデミーの校舎が存在した場所であり、同大学の発祥の地でもある。150 年前にカリフォルニア大学が誕生してから、バークレーの丘に新キャンパスが建設されるまでの間、現在の総長本部のメインのビルの場所の近くで少数の学生を対象に授業が行われていた。

　総長本部の 12 階建てのビルの最上階には、総長や上級幹部、アカデミック・セネイトの議長などの個室があり、その階下にはフロアごとに多数の部署が存在する。総長本部は、日本で言えば国の行政機関のような組織形態や機能を持っており、その規模は 2,000 人以上と文部科学省の本省よりも大きい。州立総合研究大学の運営に特化したこれほど大きな行政組織が置かれていることは特徴的である。

　以下に、総長本部の主要な部局と主な所管事項を紹介する。

①学術部（Academic Affairs）

　プロボスト兼上級副総長（Provost and Executive Vice President）が統括し、主に学術的事項を扱う。総長本部における最大の部署であり、教員人事や教員プログラム、学部や大学院における教育研究、入学事項、学生への経済支援と

サービス、情報戦略などに係る事項を扱う。教員人事などの学術的事項は一義的にはアカデミック・セネイトの責任であるが、多くの案件は予算や人員管理などの面で組織の経営や財政に関わるため、プロボストのリーダーシップのもと、学術部がアカデミック・セネイトとの調整を行い、一つの意思決定につなげる役割を担っている。

　学術部の主な責任の一つが、教員人事マニュアル（APM: Academic Personnel Manual）を策定・管理することである。これは教員の雇用関係に係る全キャンパス共通の枠組みであり、教員の地位や給与体系、雇用上の権利と義務、採用、昇進、福利厚生、教員向けの各種プログラムなどに係る詳細な運用を定める。

　また、全キャンパスにおける教育研究活動の推進も担う。教育研究活動の実施は各キャンパスの責務であるが、総長本部としては、各キャンパスの学長や教育研究担当副学長、アカデミック・セネイトの担当委員会等と密接に連携しながら、キャンパス横断的な課題の解決、各キャンパスにおける教育研究活動方針の策定支援、外部人材や資源との連携の支援、州から委託された乳がんに関する研究や、日本の国立天文台ハワイ観測所のすばる望遠鏡に隣接するケック天文台の運営などの大規模な研究プロジェクトの実施、連邦政府や州政府との交渉、研究助成金の獲得や技術移転等に係る各研究者向けのマニュアルの策定などを行う。また、カリフォルニア大学全体の研究助成金に係るポートフォリオの管理、大学の研究成果による社会貢献の数値化など、研究事業に係るデータ分析を行うとともに、州の 40 箇所に点在し、総面積が 306,000 ヘクタールにも達する、大学が所管するものとしては全米最大規模の自然保護区の管理も行う。

　学生に関する事項としては、学部入学の管理、学生への経済支援、学生サービス向上のための各キャンパスへの助言や支援などを行う。また、各キャンパスによる大学進学率の低い高校等に対する教育プログラムの取組への支援や大学準備教育の推進、高校への大学進学に関する情報提供等も実施する。

　また、大学全体の情報戦略（IR: Institutional Research）も重要な役割を果たす。各分野の全キャンパスに係るデータを一元的に管理・分析し、理事会やシス

テム、キャンパスにおけるデータに基づく政策立案を支えるとともに、イン
タラクティブに多様なデータ・情報を公開するインフォメーションセンター
や、年間刊行物のアカウンタビリティ・レポートを提供するなど、大学の価
値を戦略的に社会に発信する。

②財務部（Office of Chief Financial Officer）

　上級副総長兼最高財務責任者（Executive Vice President and Chief Financial Officer）
が統括する。大学システム全体の予算のとりまとめを担い、毎年度の予算案
の策定や州の補助金に係る州政府との調整等を行う。また、大学予算に影響
をもたらす外部的要因の分析や中長期的な財政見通しの策定、予算関連事項
に係る各キャンパス間の調整、予算や授業料等に係る理事会への助言等に関
する責任も持つ。

　このほか、各キャンパスにおける債券の発行等による資金調達に係る支援、
全キャンパス等共通の財務会計システムの管理、物品調達、財務会計報告、
個人情報保護からサイバーセキュリティ、災害などあらゆる危機管理に関す
る対応方針の策定や周知等を担う。

③総務部（Office of Chief Operating Officer）

　上級副総長兼最高執行責任者（Executive Vice President and Chief Operating
Officer）が統括する。総長本部における業務の執行に係る全般的な責任を負
い、総長本部の職場環境の維持・向上、職員の能力開発のためのプログラム
実施、効率的で適正な予算執行の管理、労使関係の調整、教職員の給与や福
利厚生関係の管理、職員の採用プロセスの管理などを行う。

　また、人材開発や情報技術に関するキャンパス横断的なセンターの設置、
省エネ等に係る持続可能性の向上のためのイニシアチブの策定・運用、各種
ITシステムの開発やサポート等も行う。また、すべての教職員に対する情
報と質の高いサービスの提供や業務の効率化を目的に、全キャンパス等の教
職員のための給与、福利厚生、能力開発等に係る一元的なシステム（UCPath）
の管理も担う。

④倫理・コンプライアンス・監査部（Ethics, Compliance and Audit Service）

　副総長兼最高監査責任者（Senior Vice President and Chief Compliance and Audit Officer）が統括する。理事会や総長の定める規則や方針が総長本部や各キャンパス内で適正に守られているかという観点から、調査、内部監査、指導、助言等を行う。一般的な部は総長に対してのみ責任を持つが、本部署は理事会に対しても直接責任を持ち、これにより総長やアカデミック・セネイトなどに対するコンプライアンスの監査にも権限が及ぶ。

⑤法務部（UC legal, Office of the General Council）

　法律顧問兼法務担当副総長（General Counsel and Vice President-Legal Affairs）が統括する。総長本部の法律顧問として、訴訟における大学の弁護、理事会や執行部への法的な助言、法的問題の解決などを行う。投資戦略、ビジネス、イノベーション、教育、雇用、ガバナンス、健康、テクノロジーなどのあらゆる分野に対応できるよう、システム全体で 100 人以上の法律家が分野ごとにグループを形成する。総長と理事会の両方に対して直接責任を負う。

⑥国立研究所部（Office of the National Laboratories）

　副総長（Vice President）が統括する。連邦エネルギー省が所管する、ローレンス・バークレー国立研究所、ロス・アラモス国立研究所、ローレンス・リバモア国立研究所の 3 つの研究所の管理運営について連邦政府から運営委託を受けているため、そのための業務を実施する。ローレンス・バークレー国立研究所は、バークレー校のキャンパスに隣接し、エネルギー、健康、環境などの分野に係る研究開発に取り組んでおり、バークレー校の教員が出入りしやすいほか、対外的にも比較的オープンである。一方、ロス・アラモス国立研究所とローレンス・リバモア国立研究所は、アメリカの防衛力の強化や核抑止力の向上、テロや大量破壊兵器による世界的な脅威の縮減、国防に係る新たな課題やエネルギー問題等の解決など、連邦の軍事目的の研究も扱っているため、より閉鎖的である。カリフォルニア大学バークレー校やロス・アラモス国立研究所は、第二次世界大戦中の原子力爆弾開発に係るマンハッタン計画に関与していたこともあり、国防を担うこれらの研究所と大学の関

係がいかにあるべきかが長年議論となってきた。

⑦公共・コミュニケーション部（External Relations & Communications）

　副総長（Senior Vice President）が統括する。社会からの大学に対する理解と支援を増進することを使命とし、180万人を超える同窓会メンバーとの連携による、大学へのボランティアや寄付等を通じた大学への支援の促進や、広報や総長本部の幹部のスピーチの戦略的な実施、連邦政府や州政府の立法・政策に係る動向調査と分析・研究、州知事や議会その他の公的機関からの大学への要求等に対する対応方針のとりまとめ等を担当する。

　また、連邦政府や州政府とのリエゾン役も担い、連邦政府担当は首都であるワシントンD.C.に、州政府担当は州都のサクラメントに事務所を置く。政府関係者との交流を通じて、カリフォルニア大学の存在感を示すとともに、政治動向等の具体的状況について迅速に総長本部に伝える役割を果たす。

⑧医務部（University of California Health）

　副総長（Executive Vice President）が統括する。サンフランシスコ校、ロサンゼルス校、デイビス校、アーバイン校、リバーサイド校、サンディエゴ校における6つの医学部と5つの学術医療センター、20の医療従事者専門職課程等を管轄し、医療事業に係るキャンパス横断的なイニシアチブの策定や各施設におけるイニシアチブの策定の支援、施設間の連携の促進、各施設における医療事業の財政的事項等の監督などを行う。

⑨資産運用部（Office of Chief Investment Officer）

　最高投資責任者兼投資担当副総長（Chief Investment Officer and Vice President of Investment）が統括する。システムレベルで年金基金、退職貯蓄基金、寄付金基金、長期・短期の運転資金の5つの主要な基金等を管理し、投資のポートフォリオの作成も含めて1,400億ドル規模の資産運用を行う。総長と理事会の両方に対して直接責任を負う。

（5）学長等

　学長（Chancellor）は、そのキャンパスの運営の最高責任者であり、理事会や総長の定めた方針や予算のもと、キャンパス内の予算配分や規律の制定を含める組織運営全般に係る決定権限を持つ。また、学長に次ぐ立場として、キャンパスレベルのプロボストが配置され、システムレベルのプロボストと同様、学術面について主要な責任を持つとともに、学内の予算配分等に係る広範な責任を持つ。その下に、各担当分野を統括する副学長（Vice Chancellor）、カレッジやスクールなどの長であるディーン（Dean）、さらに細分化された組織であるデパートメントの長であるデパートメントチェア（Department Chair）が存在する。なお、各キャンパスにおける執行部の組織構造は学長に裁量があるため、キャンパスにより少しずつ異なる。

（6）学長等の選考

　いずれかのキャンパスの学長に空席が生じることとなった時には、総長が学長選考のための選考助言委員会（Search Advisory Committee）を招集する。この委員会の構成員は、総長と理事会議長のほか、理事会議長が指名する5名の理事、総長が指名する5名の教員である。5名の教員のうち1名はアカデミック・セネイトの議長または副議長、もう1名はアカデミック・セネイトのシステムレベルの人選委員会が選出した、学長選考の対象となっているキャンパス（以下「該当キャンパス」という。）以外に所属する教員、残り3名は該当キャンパスの人選委員会が選出した該当キャンパスに所属する教員である。また、該当キャンパスにおける、学生団体から指名された学部生と大学院生の代表者1名ずつ、同窓会組織から指名された同窓会代表者1名、職員組織から指名された職員代表者1名、財団（キャンパスが資産運用等を目的に資金管理を任せている非営利法人）から提出されたリストの中から総長が指名した財団代表者1名も、投票権を持たない構成員として議論に参加する。

　具体的な選考プロセスとしては、推薦、公募、民間の人材バンクからの選出など多様な方法により挙げられた500名程度の候補者を、選考助言委員会の構成員である5名の教員がチームになって、候補者の経歴や職歴に目を通し、各人の評価を行う。この評価結果が選考助言委員会に提出され、当

該委員会において準最終候補者を選出する。委員会は準最終候補者の面接を行い、その評価をもとに一定数の最終候補者を選出し、総長にリストを提出する。総長はこれを精査し、最終候補者を1名決定し、最終的に理事会が承認する。

　なお、各キャンパスのプロボストや副学長、ディーン等は、学長が招集する選考委員会により選出され、最終的に学長が決定する。ただし、プロボストや副学長については、その給与について理事会の承認を得る必要がある。

第2節　マルチキャンパス・システムにおける権限配分と意義

1　システムとキャンパスの権限配分

　総長本部と各キャンパスの執行部との権限配分、すなわち総長と学長との権限配分は規則や方針において明文化されておらず、その線引きは曖昧である。学長は理事会や総長の決定する方針や予算の範囲内で大学運営に関する権限を持つとのみ規定されているため、理事会や総長の定める各分野の規則や方針がどの程度キャンパスを拘束するものであるかにより権限配分が異なる。

　カリフォルニア大学の場合はさらに、教員によるガバナンス組織であるアカデミック・セネイトと執行部との間の権限分担も存在するため、大学システム全体の権限関係の様相はさらに複雑である。基本的には、図1-1（13頁）のように、最高意思決定機関としての理事会の下に、執行部とアカデミック・セネイトがそれぞれシステムレベルとキャンパスレベルの組織を持つ構造と捉えられる。図3-2は、近年における各組織のおおまかな権限配分について整理を試みたものであるが、特にシステムレベルとキャンパスレベルの配分は具体的案件により、時代によっても異なる。

　また、以下に、大学運営の主要な分野における、システムとキャンパスの権限配分の状況をより詳細に紹介する。ここでは、経営的事項と学術的事項を合わせて扱っており、執行部とアカデミック・セネイトとの間の権限配分の観点は次章で取り扱う。

理事会	
○大学システムの最高意思決定機関として、規則の制定・改廃、大学システム全体の運営に係る方針や重要事項の決定、州の補助金に係る予算要求などを行う。 【ガバナンス関係】 ・規則（Bylaws、Committee Charters 等）の制定・改廃（大学システム全体の組織構造の決定） ・大学運営に係る大きな方針（Policy）の決定 ・総長の任命　など	
【経営関係】 ・予算及び決算の承認 ・州の補助金に係る予算要求 ・授業料・手数料等の額の承認 ・大規模な施設プロジェクトの承認 ・上級幹部等の高額な給与の承認 ・教職員の給与・福利厚生計画の承認　など	【学術関係】 ・入学基準の承認 ・学位・修了証の授与基準の承認 ・カレッジやスクール等の設置・廃止の承認 ・学期の設定の承認 ・テニュアを持つ教員等の解雇の承認　など

	執行部	アカデミック・セネイト
システムレベル（総長）	○大学システム全体の運営に係る責任を負い、予算のとりまとめやキャンパス横断的な業務の遂行、理事会に諮る経営的事項に係る案件の草案等を行う。 【ガバナンス関係】 ・総長本部の組織構造の決定（内部規則の制定・改廃を含む） ・州政府との交渉（理事会が行うものを除く）　など 【経営関係】 ・全体の予算のとりまとめ ・州の補助金の配分方針の決定 ・教職員の給与・福利厚生計画の策定 ・キャンパス横断的な事項や重要事項の決定　など 【学術関係】 ・総意による学位授与（アカデミック・セネイトが学位授与候補者を選出） ・学期の設定（アカデミック・セネイトの助言と理事会の承認が必要）　など	○学術的事項を中心とする責任を負い、学術的事項に係るキャンパス横断的な事項や重要事項の決定のほか、経営的事項についても理事会や総長に助言等を行う。 【ガバナンス関係】 ・アカデミック・セネイトの組織構造の決定（内部規則の制定・改廃を含む）　など 【経営関係】 ・総長に対する予算助言委員会の編成 ・大学運営全体に係る総長を通じた、また直接の理事会への意見陳述　など 【学術関係】 ・入学基準の決定（理事会の承認が必要） ・学位等の授与要件の決定（理事会の承認が必要） ・学位授与候補者のとりまとめと総長への推薦 ・大学院における教育課程の決定（カレッジやスクールの設置・廃止等の重要事項は理事会の承認が必要） ・大学図書館の運営に関する総長への助言　など
キャンパスレベル（学長）	○理事会や総長の定める規則や方針等のもと、各キャンパスの大学運営を行う。 【ガバナンス関係】 ・学内の組織構造の決定（内部規則の制定・改廃を含む） ・学内の幹部、職員の人事　など 【経営関係】 ・学内の予算のとりまとめ・配分 ・施設設備の管理 ・教育研究・社会貢献活動の管理 ・研究資金獲得のための連邦政府等との調整　など 【学術関係】 ・教員人事や教育課程の形式的承認　など	○各キャンパスの学術的事項を中心とする責任を負い、学位授与候補者の選定、教員人事や教育課程の決定、経営的事項に係る学長への助言等を行う。 【ガバナンス関係】 ・ディビジョナル・セネイトの組織構造の決定（内部規則の制定・改廃を含む）　など 【経営関係】 ・学長に対する予算助言委員会の編成　など 【学術関係】 ・学位授与候補者の選定 ・教員人事の決定 ・学部における教育課程の決定 ・大学図書館の運営に関する学長への助言　など

図 3-2　各ガバナンス組織の権限配分のイメージ[3]

(1) 幹部人事

　総長本部におけるプロボストや副総長等の幹部の人事は総長の決定による。また、各キャンパスの学長の人事も、多様な関係者の議論を前提としつつ、最終的には総長が決定した最終候補者について理事会の承認を得ることになっており、誰が学長となるかについて総長に大きな影響力がある。一方、各キャンパス内のプロボスト以下の人事は学長の裁量である。

　なお、幹部の給与の額は、総長本部が定め理事会が承認する給与体系を基礎額として総長本部または各キャンパスにおいて定め、高額な給与の場合のみ個別に理事会の承認を必要とする。

(2) 予算

　大学全体の予算決定権は理事会にあり、総長本部は各キャンパスの予算要求をとりまとめて理事会に案を示す。また、州議会はカリフォルニア大学全体の予算に係る決定権を持たないが、大学の州民に対する教育活動を支援する観点から州の補助金を措置しているため、補助額に係る調整を理事会や総長本部と行う。

　州の補助金の配分も含めたシステム内での各キャンパスへの予算配分については、かつては総長本部が事実上大きな権限を有していたが、近年は限定的である。過去の配分方式は、授業料・手数料や各種事業収益等の各キャンパスの収入の多くをいったん総長本部に帰属させ、総長本部が自らの運営費を差し引いた上で残りを各キャンパスに再配分していた。また、州からの補助金の配分についても、複雑な算定方式を通じて総長本部が事実上の裁量を持っていた。しかし、2012年度以降は、各キャンパスが得た収入は当該キャンパスに帰属し、総長本部の運営費は各キャンパスから回収されることとなると同時に、州の補助金も、学生数に応じた明朗な算定方式のもと配分されるようになった。なお、2018年度からは、当面試行的に、州の一般予算の項目の中に大学のコア・ファンド（授業料等収入や州の補助金等の大学の基本的な資金）の予算が組み込まれることとなり、州議会が大学予算の決定に強く影響を及ぼすようになった（第5章参照）。

　なお、各キャンパス内の予算配分は学長の権限である。

(3) 入学基準、入学定員

　学部生の入学については、州の高等教育マスタープランにおいて、高校卒業者のうち成績が上位 8 分の 1 であった者をカリフォルニア大学に入学させることや、カリフォルニア・コミュニティ・カレッジにおいて 2 年間の課程を優秀な成績で修了した者を一定割合編入させることを規定している。現在の基準では、カリフォルニア大学における 3 年次への進学者のうち、3 分の 1 はカリフォルニア・コミュニティ・カレッジから受け入れることとしている。このように、入学基準や入学定員に関する事項は、大学システム全体として調整するべき事項として、キャンパス横断的に基本事項が定められる。具体的には、高校や編入前において修了しておくべき教育課程や GPA[4] の最低水準等に係る入学基準は、アカデミック・セネイトが方針案を策定し、理事会が承認して決定される。各キャンパスはその上で、当該キャンパスに受け入れるべき学生の入学基準をより詳細に定める。なお、実際の入学者選抜は、総長本部が一元的な入学システムにおいて入学希望者から申請を受け付けた上で、希望があった個別のキャンパスにおいて成績も含めた総合的な観点から合否を判断する。各キャンパスは合否を本人に通知し、最終的には本人が合格した中からキャンパスを選択する。

　また、経済支援額の決定や入学事務に係る基本的な情報提供など、入学支援に係る事項も総長本部が扱う。

(4) 学位・修了証の授与

　学位や修了証の授与は総長の名において行うが、授与基準の制定や学位授与候補者の総長への推薦は、各キャンパスのアカデミック・セネイトにおいて行われる。また、これらについては理事会の承認を必要とする。

(5) 授業料や手数料の額の決定、経済支援

　授業料や手数料、保険料等の学生への賦課金や経済支援については、家庭の経済的状況に関わらず州民に大学進学への機会を保障するという州立大学としての使命に関わる事項であるため、キャンパス横断的に定められる。まず、授業料等については、理事会が定めるポリシーにおいて、授業料等の額

の決定にあたり考慮するべき事項を定め、これに基づき総長が具体的な額を定め、理事会の承認を得る。また、各キャンパスは、独自に追加的な手数料を設けることが許されているが、事前に理事会の承認を必要とする。学生への経済支援についても、総長本部で一律の基準を定めてこれを実施している（第6章参照）。

（6）教職員の雇用体系、福利厚生

カリフォルニア大学において雇用されるすべての教職員[5]は、総長との間に雇用契約が結ばれるため、雇用に関する責任は総長にある。教員のランクや肩書、給与体系、有休や退職金等に係る福利厚生など、教職員の雇用に係る基本的な仕組みは総長本部で一律に定められている。

また、形式的には、全教職員の採用、昇進、降格、解雇の決定権も総長にあり、理事会規則においても、総長がこれらの雇用関係に係る権限を持ち、各キャンパスの人事に関わる場合には学長に、教員の人事に関わる場合にはアカデミック・セネイトに相談を仰いだ上で総長が決定するべきことが規定されている。実際には、各キャンパスにおける具体的な人事は、各キャンパスにおいて執行部やアカデミック・セネイトとの調整のもと学長が決定する。

（7）教育課程の決定

教育課程の決定はアカデミック・セネイトの専管事項であるが、アカデミック・セネイトのうちシステムレベルとキャンパスレベルのどちらの組織に決定権があるかは、対象となる案件の重要度による。例えば一般に、大学院における新たな教育課程の創設に係るものであれば、重要事項としてキャンパスのみでは決定できず、システムレベルの組織にあがった上で総長の承認が必要となる。さらに、カレッジやスクールの創設というより大きな事項となれば、総長のみならず理事会の承認も必要となる。一方、学部の教育課程に関するものであれば基本的に各キャンパスに決定権がある。大学全体の使命、学生、予算等への影響が総合的に考慮され、どのレベルで決定できるかが慣例上決まっている。

(8) 各キャンパスの使命

　カリフォルニア大学全体の大きな使命は、州の高等教育マスタープランを踏まえて理事会が決定する。一方、キャンパスごとの個性や強みを踏まえた具体的な方針や中長期的な計画については、学長のリーダーシップのもとキャンパスレベルで決定する。

　このように、個別のキャンパスに任せられることは可能な限り学長の裁量とした上で、カリフォルニア大学全体として結果を確保しなければならない事項や、キャンパス横断的な共通事項、大学全体で統一的に行った方が効率的・効果的な事項、巨額の予算を要するなど大学システム全体に影響する事項などについては、システムレベルの権限としている。より具体的には、以下のように整理することができる。

［システムレベルで決定する事項の例］
・ 州民の高等教育の機会確保に関する事項：入学基準、入学定員、授業料や手数料の額、学生への経済支援など
・ 教職員の雇用に関する事項：教職員のランクや肩書、給与制度、福利厚生の制度など
・ 大学全体の予算に関する事項：全キャンパスの予算のとりまとめ、州の補助金に係る州政府との交渉、州の補助金の各キャンパスへの配分など
・ 全キャンパス共通に推進する事項：環境保全・サステナビリティの実現、地域との連携や地域支援、構成員等の多様性の推進など
・ スケールメリットを利用できる事項：資産運用、物品調達など
・ キャンパス横断的な事項：州の課題解決等に係るキャンパス横断的な研究プログラムの実施、各キャンパス間のグッドプラクティスの共有など
・ 大学の使命等に関する事項：教育課程の新設や改廃のうち特に重要なものの決定、大学全体としてのアカウンタビリティや社会の理解増進など

［キャンパスレベルで事実上決定する事項の例］
・ システム全体の使命を踏まえた、各キャンパスの使命や方針の決定

- 学内の予算編成、各部署への予算の配分
- 教育研究・地域貢献活動を通じた日常的な大学運営
- 教育課程の決定（システムレベルで決定する事項以外のもの）、学位授与基準の
  設定と学位授与候補者の選出、教員人事など

2　キャンパスの自律性の拡大

　アメリカの一般的なマルチキャンパス・システムにおいては、各キャンパスの裁量は時代を追うごとに拡大してきた。各学長は自らの権限を拡大するべきとの主張を常に行い、これを実現してきたと言われる[6]。その際に用いられる概念として、「サブシディアリティの原則」というものがある。これは補完性の原則と訳されるが、政治システムにおける決定を出来る限り現場に近い小さな単位で行い、それができない時に限ってより大きな単位の団体で補完的に実施するという考え方である。

　カリフォルニア大学においても、歴史的に、キャンパスの数も学生数も増えて規模が拡大するのと同時に、キャンパスの裁量拡大が進んできた。巨大で複雑化した大学運営について、複数のキャンパスを総長本部でまとめあげることが不可能となったということもその理由の一つであるが、これに加え、教育や研究、社会貢献という大学の使命に係る活動を実際に行っているのは各キャンパスであり、そのための戦略は、教員も学生も持たない総長本部ではなく、キャンパスに任せるべきという主張がなされてきたことも大きい。

　これに加え、経済的な要因もキャンパスの自律化を推し進めた。カリフォルニア大学の多くのキャンパスは、カリフォルニア州の経済や税収入が右肩上がりにある時に築かれた。しかし、すでに 40 年以上もの間、州の税収入の伸びは低調かつ不安定となっており、州の政治家は、大学予算について過去の財政支援レベルを維持することに躊躇するようになっている。さらに、2008 年から 2010 年までのリーマンショックに代表される経済危機による州予算の縮減は、各キャンパスが外部資金を自力で獲得することについて大きなプレッシャーを与え、これに伴い、学長は総長からの自律権と予算の柔軟性の強化をより一層要求するようになった。

　もともとマルチキャンパス・システムは、予算や政治的案件等に関する一

元的な窓口の設定による利便性と、個々のキャンパスに対する直接的な政治的介入の回避等を目的に作られたが、近年は、現場から遠いところで大学の在り方を決定するというマルチキャンパス・システムの欠点を補正し、個々の大学の自律性が強化される流れにあると捉えられる。

3　マルチキャンパス・システムのメリット

　一方、マルチキャンパス・システムには、本来の目的以外の副次的なメリットも存在している。例えば、技術移転に関する統一的なマニュアルなど、すべてのキャンパスに共通する事項を高いレベルの知見で一律に整備したり、物品調達や教職員の福利厚生システムなどを一元化したりすることにより大学運営の効率化を促すことができる。また、資産運用についても、世界的に卓越した手腕を持つ投資家が責任を持って巨大な基金をまとめて運用し、中長期的な戦略のもとに大きな運用益を確保できるという規模の強さがある。環境問題や人種差別問題等に関し社会に対して政治的なメッセージを発信する際にも、個々のキャンパスがこれを行う場合と比較して、より大きな存在感と力を発揮できる。トランプ大統領（当時）が移民排除の政策を打ち出した時、総長と 10 キャンパスの学長は差別政策に断固として反対する声明をいち早く打ち出した。また、州の課題に関する大規模な研究プログラムを大学全体として州から委託を受け、複数のキャンパスの教員からなる研究ユニットを設けることができることも、州と大学の双方にとって利点がある。

　さらに、キャンパス間の情報共有がよりスムーズに可能となる点も意義深い。執行部でもアカデミック・セネイトでも、またこれらの合同の会議でも、複数のキャンパスの構成員が同じ場で議論をする機会が多く、課題や実績の共有が日常的に行われている。これは特に新興キャンパスからすれば、100 年以上続くバークレー校やロサンゼルス校といった先輩キャンパスから大学運営に係る多くのことを吸収できることは恵まれている。実際に、創立からわずか 15 年ほどの最も新しいキャンパスであるマーセド校も、すでにカーネギー分類において " 研究力が高い " 大学として位置づけられており、これは全米史上最速と言われている。

　日常的には、キャンパス間の利害対立やシステムと各キャンパスの緊張関係など、マルチキャンパス・システムであることによる調整事項は尽きないが、総長本部も各キャンパスも、カリフォルニア大学という一つの大きな船の上に乗っているという意識があり、各構成員にもカリフォルニア大学への帰属意識とアイデンティティがある。また、特に社会における危機に対しては、キャンパスを超えて一丸となって行動する。各組織間の異なる利害を調整しながら、マルチキャンパス・システムの強みを最大限に活かしていく方法を、総長本部と各キャンパスは模索している。

注

1　カリフォルニア大学システムやカリフォルニア州立大学システムのトップもこのメンバーである。

2　2011 年時点で、38 州において 51 のマルチキャンパスシステムが採用されている。また、マルチキャンパスシステムの分類等について、次を参照。Aims C. McGuinness Jr (2017). "The History and Evolution of Higher Education Systems in the United States". ほか in Jason E. Lane and D. Bruce Johnstone (eds.), *Higher Education Systems 3.0 -Harnessing Systemness, Delivering Performance*, SUNY seriese pp.45-71

3　理事会の定める規則上の整理をもとに、実質的に権限が下部組織に降りているものはその実態を踏まえて記載。例えば、カリフォルニア大学の全教職員の雇用関係は総長との間にあるが、各キャンパスにおける職員人事は学長に、教員人事は当該キャンパスのアカデミック・セネイトに実質的決定権があることから、後者の整理を示している。

4　Grade Point Average。一定の方式により算出された成績評価値。

5　最高投資責任者室や監査部など、理事会から総長から独立した特別の立場にある者を除く。

6　D. Bruce Johnstone (2017), "Higher Education Autonomy and the Apportionment of Authority among State Governments, Public Multi-Campus Systems, and Member Colleges and Universities" in Jason E. Lane and D. Bruce Johnstone (eds.) 前掲 pp.75-99

第4章

シェアード・ガバナンスと教員組織

　シェアード・ガバナンス（Shared Governance）とは、一般に、執行部と教員が大学のガバナンスの責任をシェアし、共同統治することを促すメカニズムである。教員によるガバナンス組織が執行部から独立して存在し、学術的事項を中心とした大学運営に係る一定の権限を持つことにより、大学ガバナンスに多くの一般教員を参画させる。シェアード・ガバナンスは、現在、アメリカの多くの州立大学において採用されるが、なかでもカリフォルニア大学は、国内でこれを正式に採用した最初の大学であり、その意義が最も深いレベルまで追求され、高度に構造化されていると言われる[1]。

　カリフォルニア大学における教員のガバナンス組織であるアカデミック・セネイト（Academic Senate）は、日本の教授会や国立大学の教育研究評議会等とは権限や構造が大きく異なる。例えば、アカデミック・セネイトは、最高意思決定機関である理事会の定める規則により、学術的事項に係る最終的な決定権限が正式に認められている。また、執行部から独立した自律的なガバナンス組織であり、執行部の下に諮問機関として位置づくものではなく、執行部と対等な関係にある。さらに、アカデミック・セネイトは、学部や学科、キャンパスといった分権的な組織単位を超えて、あらゆるレベルで組織横断的に意思統一を図る重層的な仕組みを持つ。このため、執行部は、教員との調整のために様々な部局を回って調整をする必要がなく、カウンターパートとなるアカデミック・セネイトの組織内でとりまとめられた「一つの声」とのみ調整すればよく、執行部と教員との調整や意思決定を行いやすい。また、アカデミック・セネイトの総会や委員会等の議長の任期は1年、各委員の任期は通常3年と短く、組織の新陳代謝が活発であるために、一部の派閥

の教員のみが力を持つサロンのような場となることを防ぎ、多くの教員の声を公平に吸い上げる民主的な仕組みとなっている。

　シェアード・ガバナンスの性質と効果について、ジュドソン・キング氏は「シェアード・ガバナンスとは、教員を組織的に大学ガバナンスに巻き込む方法であり、これにより、教員は大学の学術の水準を高く維持し、教員の持つ相当な知識と創造性をガバナンスに活かすことができ、また、教員の大学に対する忠誠心と当事者意識を高めることができる」とする[2]。カリフォルニア大学の成功の要因の一つがシェアード・ガバナンスにあるということは、他の多くの専門家も指摘するところである。

　本章では、同大学のシェアード・ガバナンスの構造や役割について紹介する。

第1節　アカデミック・セネイトの概要

1　構成員

　カリフォルニア大学のアカデミック・セネイトは、教育、研究、社会貢献という大学が持つ3つの使命すべてに責任を持つ教員を基本的な構成員とする。すなわち、教授、准教授、助教、講師[3]などがこれに該当し、ポスドクやティーチング・アシスタントなどはこれに含まれない。他の大学の場合には、一定数の教員代表者により構成されることが多いなか、責務や勤続年数などの一定の条件のもとすべての教員を構成員とするのは、カリフォルニア大学の一つの特徴である[4]。

　アカデミック・セネイトの構成員には、規則上、教員のほか、総長、プロボスト、副総長、学長などの執行部も含まれている。これらは職権による指定であり、これらの職にある者が教員としての肩書を持つかに関わらず構成員となる。特に、総長はアカデミック・セネイトの会長（president）であり、副会長（vice president）が総会の議長である。

　これについては、規定上の構成員と、実際の意思決定プロセスや構造、関係者の認識等に乖離があると言える。総長やプロボスト等の執行幹部は、教員の要請に従ってアカデミック・セネイトの会議に参加し、執行部における

検討状況の説明や質疑応答を行うのみであり、投票には参加せず、意思決定に関与することはない。アカデミック・セネイトの教員にとって執行部は、パワーバランスを保つべき別のガバナンス組織に属する者であり、一部の執行幹部が構成員であるのは形式的な位置づけであると捉えている。アカデミック・セネイトの運営を仕切り、教員の声を代弁するのは、全教員の中から民主的に選出された議長である。

2　アカデミック・セネイトの権限

　アカデミック・セネイトには、大学運営の一翼を担うための正式な権限が与えられている。カリフォルニア大学の理事会規約である Bylaws には、「理事会は、カリフォルニア大学のシェアード・ガバナンスにおける、アカデミック・セネイトの組織を通じた教員の参加が、大学の教育、研究、社会貢献の質を向上させ、学問の自由を保障することを認識する」と規定され、アカデミック・セネイトには以下のような権限が与えられている（Bylaws 40.1, Standing Orders 105.4）。

　　［アカデミック・セネイトの主な権限］
　　・入学基準の決定（理事会の承認が必要）
　　・名誉学位以外の学位・修了証の授与基準の決定（理事会の承認が必要）、学位等授与候補者の総長への推薦、名誉学位授与に係る助言
　　・教育課程の決定と管理
　　・教員組織の構成員の決定
　　・予算に係る総長や学長への助言委員会の選定
　　・大学図書館の管理運営に関する総長や学長への助言
　　・大学出版を承認する委員会の選定
　　・大学運営等に係るあらゆる事項に関する理事会への意見陳述（総長を通じて、または直接行う）

　このように、アカデミック・セネイトは、学術的事項について最終的な決定権を有するとともに、予算も含めた経営的事項についても意見を述べる権

限を持つ。教員による民主的な組織が大学運営に広範に関わっていくことが
期待され、その権限を具体化するための正式なプロセスが定められている。

3　歴史的経緯

　教員の声を大学運営に反映させるための枠組みの中核であるアカデミッ
ク・セネイトは、1868年のカリフォルニア大学の発足時から存在した。当
時のカリフォルニア大学設置法には、アカデミック・セネイトについて「本
学のすべての教員と講師は、定期的な会合を持ち、総長または臨時総長の統
括下にあるアカデミック・セネイトと呼ばれる組織体に統合される。アカデ
ミック・セネイトは、大学の一般的な運営を管理し、大学理事会に請願書を
提出する目的で設置される。また、一般または特別の教育課程を一義的に統
制するとともに、各カレッジの教員が制定する懲戒規律に基づく訴えを受け
取り、これを判断する」と規定する。この文言上は、アカデミック・セネイ
トに大学運営に係る強い権限が与えられているようにも見える。しかし、こ
のあとの規定では、教育課程や教材、学位授与などを含めた学術的事項の全
般的な決定権は理事会にあるとされ、この時代にアカデミック・セネイトが
大きな力を振るうことはなかった[5]。

　このような教員の地位は、当時のアメリカの大学の状況を反映している。
19世紀前半まで、アメリカの大学の規模は一般的に小さく、雇用される教
員はチューターなどの一時雇用者が多かったため、教員の社会的・学内的地
位は低かった。州立大学において、学外者により構成される理事会を大学運
営の中核に据えるガバナンス方式がとられたのも、このような状況を反映し
てのことである。

　ところが、19世紀後半以降、各大学の学長が強権を振るって大学を飛躍
的に発展させる「偉大なる学長の時代」と呼ばれる時代を経て、多くの小規
模なカレッジ（college）が研究や専門教育のための大学（university）へと変貌
を遂げた。各大学は急激に拡張し、教育のみならず研究や社会貢献等も含め
る多様な機能を担うようになったことで、各学問分野の専門家としての教員
が多く雇用されると同時に、それぞれ管理者が配置されて、部局が形成され
るようになった。こうしたなか、大学の教育研究を支える専門的学識を持つ

存在としての教員が、次第に優位な社会的・学内的地位を占めるようになった。

　カリフォルニア大学においても、1899 年に総長となったベンジャミン・ウィーラー（Benjamin Ide Wheeler）氏のもと、多くの卓越した教授を高額な給与で引き寄せ、大学の教育研究活動と社会的名声を大きく向上させた。同氏の在任中の 20 年で、学生数は約 2,600 人から約 12,000 人へ、教員数は約 200 人から約 700 人へと急増している。ウィーラー氏は、就任時に、大学運営の主要な権限は総長にあることを理事会に認めさせ、教員人事や教育方針について、教員に相談をせず、自ら選んだ学部長と相談しながら単独で遂行した。このような中、アカデミック・セネイトの権限は衰えたが、1919 年に財政危機に伴い同氏が退任すると、大規模な研究大学として分厚くなっていた教員組織が権限拡大を求めて理事会と交渉し、1920 年 6 月には、アカデミック・セネイトの権限と責任、執行部との関係等が理事会規約に明文化された。ここには、教員の雇用、昇進、降格、解雇や教育方針の決定については総長がアカデミック・セネイトの意見を聴いた上で理事会に推薦するものとすること、アカデミック・セネイトは入学基準や学位・修了証の授与基準を定め、教育課程全般の管理を行うこと、大学運営について総長を通じて理事会に意見を表明する権利があることなどが規定されている。これが米国内で正式にシェアード・ガバナンスが取り入れられた最初の瞬間であるとされ、この動きは「バークレー革命」（Berkeley Revolution）と呼ばれる。そして、当時規定された枠組みは、現在においても大きく変化していない[6]。

第 2 節　アカデミック・セネイトの内部構造

1　組織構造

　アカデミック・セネイトは自らの組織構造を決定する権利を持ち、その意味でも高い自律性が担保されている。総長を最高責任者とする独任制の執行部とは異なり、アカデミック・セネイトは合議制の機関であり、10 のキャンパス等を抱える巨大で複雑な組織において全教員の意思統一を図るために精緻に構造化されている。アカデミック・セネイトの元議長の言葉によると、

その構造は、幅広く、緻密で、互いに繋がっており、堅固であるという点でクモの巣にも例えられる。クモの巣の中心にいるクモがキャンパス横断的な意思決定をするシステムレベルの組織であるとすれば、ネットワークの網は10のキャンパスにかかり、その先はカレッジやスクール、さらにはデパートメントの内部にまで達している。これにより、カリフォルニア大学の全教員に大学運営に係る情報をきめ細かく伝えるとともに、教員の意思を隅々から吸い上げることができる。

　詳細な構造について、まず、システムレベルの組織については、①規則の制定をはじめ、最終的な意思決定機関として機能する総会（Assembly）、②総会のコアメンバーによる幹部会としてのアカデミック・カウンシル（Academic Council）、③分野別委員会の大きく3つに分けることができる。

　また、キャンパスごとの組織はディビジョナル・セネイト（Divisional Senate）と呼ばれ、その中にも、システムレベルと同様、総会、カウンシル、分野別委員会がある。また、各キャンパス内のカレッジやスクール、デパートメントにも同様の構造がある。このように、アカデミック・セネイトは、システム、キャンパス、学内部局の各レベルで同様の構造を持つ重層的な仕組みとなっており、それぞれのレベルで、分権的な組織を横につなぎ、ボトムアップのプロセスを通じて教員の声を段階的に集約し、最終的に全教員の声を一つにまとめ上げることができる。また、例えば、スクールレベルであれば、執行部のトップであるディーンと、当該スクールのアカデミック・セネイトの総会の議長、キャンパスであれば、学長とディビジョナル・セネイトの議長など、各レベルにおいて、執行部とアカデミック・セネイトは互いにコンタクトを取り合うべきカウンターパートを持つため、意見集約において、段階的に双方の調整を行うことができる。以下に、その構造を詳述する。

（1）システムレベルの組織
①総会

　キャンパス横断的に組織されるシステムレベルの総会は、アカデミック・セネイトにおける最高意思決定機関である。総会で意思決定されたことは、カリフォルニア大学の全キャンパスの教員の総意とみなされ、総会の議長は

理事会等の公式な場で、全教員を代表して発言する。

　総会の構成員は、①議長と副議長、② 10 キャンパスの各ディビジョナル・セネイトの議長（10 名）、③総会に属する 8 つの主要な分野別委員会の議長（8 名）、④各キャンパスから選出される教員代表者（40 名）、⑤総長の計 61 名である。なお、前述のとおり、総長は投票を行わない。④の教員代表者については、各キャンパスに教員規模に応じてその数が割り当てられる。学長、副学長、ディーン等の執行幹部は、アカデミック・セネイトの総会や委員会等の教員代表者になることができず、一般の教員から選出されるが、その具体的な選出方法は各キャンパスに委ねられている。

　総会の議長と副議長の任期は 1 年であり、通常副議長を務めた者が翌年、議長に繰り上がる。アカデミック・カウンシルが副議長の候補者を選出して総会に推薦するのが通例であるが、総会は、アカデミック・カウンシルの提案した候補者のほか、総会自身が選んだ候補者や、アカデミック・セネイトの構成員である 25 名の教員が行った請願に基づく候補者を考慮に入れることもできる。最終的には総会における投票で決定される。

　総会は、規定上、原則として年に 3 回以上開催することが定められており、現行では秋冬に 1 回、春に 2 回開催されるのが一般的である。頻度は多くないが、総会にかけられる案件は、すでに各キャンパスや分野別委員会やアカデミック・カウンシルにおいて十分に議論され、必要な情報が出揃って問題点が明確化し、最後に承認の判断だけを求められているものがほとんどである。そのため、総会では、基本的には通常案件については比較的短時間な議論を経て承認を行うほか、規則の制定・改廃の決定、継続的な案件や重大案件の議論等を行う。会議の形式は、各キャンパスの教員代表者の参加等に係る負担を減らす観点から、近年はほとんどオンライン形式である。

②アカデミック・カウンシル

　総会はメンバーが多く開催回数も少ないため、多くの案件により機動的に対処するために、メンバーを絞った幹部会としてのアカデミック・カウンシルが、総会に属する 1 つの委員会として設けられている。その構成員は、①議長と副議長（総会の議長と副議長を兼ねる）、② 10 キャンパスの各ディビジョ

ナル・セネイトの議長（10名）、③総会に属する主要な分野別委員会の議長
（8名）の計20名である。すなわち、総会の構成員から総長と40名の教員
代表者を除く形である。

　アカデミック・カウンシルは、総会に属する分野別委員会で審議を終えた
案件について、総会にあがる前に最終段階の審議を行い、道筋をつけること
が期待されている。この際、議長と副議長は、すべての分野別委員会におい
て投票権を持たない構成員となっているため、各委員会での議論をすべて把
握しており、アカデミック・カウンシルでの審議において論点を踏まえてう
まく仕切ることができる。また、アカデミック・カウンシルには各キャンパ
スのディビジョナル・セネイトの議長も構成員として含まれるため、各キャ
ンパスの声を改めて反映することができる。ただし、アカデミック・カウン
シルの構成員は、自らのキャンパスのためではなく、大学全体の利益のため
に行動することが求められている。

　また、アカデミック・カウンシルは、総会を代表し、予算を含む大学運営
に係る事項について総長に対して直接助言を行う権限や、総長を通じて理事
会に対して意見を陳述する権限を持つ。なお、総会は、理事会に対して総長
を通さずに直接に意見を述べることができるため、アカデミック・セネイト
の議長は、総会でとりまとめられた意見を理事会で直接表明することがある。

　アカデミック・カウンシルは、月1回のペースで開催される。オンライ
ン形式によることもあるが、そうでない場合には、オークランドにある総長
本部の会議室に集まり、朝10時から16時までほとんど少しの休みもなし
に議論を続ける。一部の遠方のキャンパスの構成員はオンラインで参加する
こともある。

　アカデミック・セネイトは専属の事務局を持ち、会議の事務は当該事務局
が行う。案件の内容は、直近の州の監査報告書、総長本部の組織改編に係る
進捗、規則の改訂、最近立ち上げられた新たな研究プログラムなど多岐にわ
たり、議事次第には各案件に「討議」「決議」「情報共有」のいずれかまたは
その複数が明示されている。一案件あたり10分から45分程度の審議時間
が設けられ、会議資料は1回に数百ページから千ページを超えることもある。
会議資料や議事録、覚書、年刊報告書などは原則として公開される。

　財政的事項や政治的な案件など、主に執行部で取り扱っている案件については、総長や執行幹部の参加を要請し、執行部内での議論の進捗状況や詳細な情報などをヒアリングする。アカデミック・カウンシルは、総長や執行部と教員との貴重な意見交換の場であり、双方の理解を深め、連携を強化する場である。

③分野別委員会

　アカデミック・カウンシル以外の総会に属する委員会として、案件をアカデミック・カウンシルに上げる前に分野別に審議する分野別委員会がある。ほとんどの分野別委員会は常任委員会であるが、必要があれば特別委員会が設けられることもある。以下は、2020 年度における主な分野別委員会である。

- 大学院調整委員会（Coordinating Committee on Graduate Affairs）（10 回）
- 入学関係委員会（Board of Admissions and Relations with Schools）（10 回）
- 教員福利厚生委員会（Faculty Welfare Committee）（11 回）
- 計画・予算委員会（Planning and Budget Committee）（10 回）
- 研究政策委員会（Research Policy Committee）（9 回）
- 教育政策委員会（Educational Policy Committee）（9 回）
- 出版委員会（Editorial Committee）（6 回）
- 教員組織合同委員会（Intersegmental Committee of the Academic Senates）（5 回）
- 多様性・機会均等委員会（Affirmative Action, Diversity, and Equity Committee）（4 回）
- 国際教育委員会（International Education Committee）（4 回）
- 情報コミュニケーション委員会（Academic Computing and Communications Committee）（4 回）
- 国立研究所特別委員会（Academic Council Special Committee on Lab Issues）（3 回）
- 教員多様性向上委員会（Academic Council Extending Faculty Diversity Task Force）（4 回）
- 教員人事委員会（Academic Personnel Committee）（4 回）
- 図書館・学術コミュニケーション委員会（Library and Scholarly Communication Committee）（3 回）
- 学問の自由委員会（Academic Freedom Committee）（2 回）
- 予備教育委員会（Preparatory Education Committee）（4 回）

・特権・テニュア委員会（Privilege and Tenure Committee）（3回）

・法務委員会（Rules and Jurisdiction）（メール審議）

・人選委員会（Committee on Committees）（4回）

※カッコ内は2020年度の開催回数。また、当該委員会の議長が総会やアカデミック・カウンシルの構成員となる主要8委員会は下線で示す。委員会の日本語名称は意訳。

　分野別委員会の基本的な構成員は、①当該委員会の議長と副議長、②各キャンパスの同等の委員会の代表者、③学生（当該委員会で扱う分野が学生にも関わる場合のみ）、④総会の議長と副議長である。このうち、学生と総会の議長、副議長は投票権を持たない。

　議長と副議長、各キャンパスからの代表者は、分野別委員会の一つである人選委員会により任命される。議長と副議長の任期はそれぞれ1年であり、副議長を務めたものが議長に繰り上がる。副議長は、各キャンパスの代表者の中から選ばれるが、基本的には、キャンパスレベルの当該分野の委員会で委員または議長としての経験を積み、さらにシステムレベルの委員会の委員としての経験を持つ者が任命される。

　各キャンパスの代表者については、同等の委員会の議長・副議長その他の委員の中から、各キャンパスの推薦に基づき任命するのが原則である。それ以外の者を代表者とすることもできるが、その場合は投票権を持つことができない。任期は2年であり、原則として連続する4年を超えて再選されることはできないが、1年空ければさらに再選が可能である。

　学生の代表者は、大学院政策委員会や教育政策委員会など、当該委員会の扱う分野が学生にも関わる場合のみ含まれる。学生委員を含む場合、基本的には学部生1人と大学院生1人が参加するが、大学院委員会については大学院生2人である。これらの任命は、アカデミック・カウンシルが認証している学生団体からの推薦を受けて行われる。

　また、人選委員会、出版委員会、司法委員会、専門分野別の小委員会などについては、その任務の性質に応じた専門家を含むなど、特別な構成となっている。このうち、人選委員会の構成員は、①当該人選委員会の議長と副議長、②各キャンパスの人選委員会の代表者各1名、③総会の議長と副議長で

ある。議長と副議長は総会が指名し、任期は各1年であり、他の委員会同様、副議長を務めた後に議長に繰り上がる。各キャンパスの人選委員会の代表者については、各キャンパスが指名し、任期は基本的に2年である。なお、他の分野別委員会とは異なり、人選委員会においては総会の議長と副議長も投票権を持つ。

(2) キャンパスレベルの組織

アカデミック・セネイトのキャンパスごとの組織は、ディビジョナル・セネイト（Divisional Senate）と呼ばれる。その構成員は、アカデミック・セネイトの構成員のうち、当該キャンパスに所属する教員全員であるが、このほかに総長、当該キャンパスの学長、副学長、プロボスト、ディーン等の執行幹部、システムレベルの執行幹部の一部（執行幹部がいずれか1つのキャンパスを選択する）も含まれる。ただし、システムレベルの組織と同様、これらの執行幹部はディビジョナル・セネイトの主要な地位に就かず、意思決定には関わらない。

ディビジョナル・セネイトも、システムレベルの組織と同様に、総会、カウンシル、分野別委員会の3層構造を持つ。アカデミック・カウンシルに相当する幹部会はディビジョナル・カウンシル（Divisional Council）と呼ばれ、学術的事項についてキャンパスの分野別委員会間の調整やとりまとめを行うとともに、学長に財政的事項の助言を行うなど、ディビジョナル・セネイトを代表して行動する。

各ディビジョナル・セネイトは、キャンパスごとの独自の歴史的経緯等を反映して、その構造や各組織の構成員の選出方法等が異なっている（図4-1）。以下に、バークレー校とロサンゼルス校の例を挙げる。

[バークレー校の例]

カリフォルニア大学の中で最も歴史の長いバークレー校の総会は、教員代表者ではなくディビジョナル・セネイトの構成員全員から成るという、他のキャンパスにはない形態を持つ。総会の議長・副議長はキャンパスの人選委員会により選出されるが、各任期は1年であり、通常は副議長を務めた者

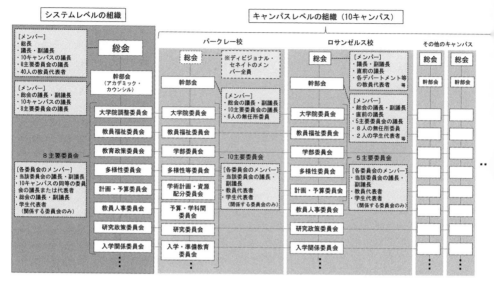

(注)　図中の委員会名は意訳であり、キャンパスにより名称やメンバーが異なる。また、本図には表れていないが、各キャンパスはこの下にスクール
のレベルの同等の構造を有する。

図 4-1　アカデミック・セネイトのシステムレベルとキャンパスレベルの組織構造

が議長に繰り上がる。

　ディビジョナル・カウンシルの構成員は、①議長と副議長（総会の議長と
副議長を兼ねる）、② 10 の主要な分野別委員会の議長と、③ 6 人の無任所委
員である。10 の主要な分野別委員会とは、システムレベルの 8 の主要委
員会のほか、教育課程委員会（Committee on Courses of Instruction）、人選委員会
（Committee on Committees）である。

　無任所委員は、バークレー校の教員の中から投票により選出される。1 年
おきに半数改選される 2 年の任期で、連続して再任することができない。そ
の具体的な選出方法については、まず、無任所委員の選挙の開始の 30 日前
までに、事務局から当該選挙の実施が告知される。告知されてから 10 日間、
有権者（ディビジョナル・セネイトの構成員）は、本人の同意と 5 人の有権者の署名
を得て、候補者に係る請願書を提出することができる。候補者は、実際に選

出するべき人数（6 人の半数改選であるため基本的には毎年 3 人）の 2 倍以上が必要
であり、有権者からの請願書による候補者がこれに満たない場合には、同校
の人選委員会が適切な候補者を追加する。このようにして候補者リストが出
来上がると、選挙開始の 2 週間前までにそのリストが教員たちに配布され、
これに対して紙面または電子の方法で投票がなされる。

　分野別委員会は 2020 年時点で 28 存在するが、その基本的な構成は、人
選委員会等のいくつかの特別な委員会を除き、①当該委員会の議長と副議
長、②一定数の教員代表者、③学生（学生にも関わる案件を扱う委員会のみ）である。
議長、副議長と教員代表者は人選委員会が任命し、総会の承認を得る。なお、
学生委員も投票権を持つが、その選出方法としては、同校の最大の学生組織
が候補者のリストを作成し、人選委員会がこの中から任命する。すべての構
成員の任期は 1 年であり、議長は副議長を務めた者が繰り上がる。

　なお、人選委員会の構成員は、有権者の投票により 8 名選出される。投
票はディビジョナル・カウンシルの無任所委員の選出と同じタイミングで行
われ、ほぼ同様のプロセスである。毎年半数改選を行う 2 年の任期であり、
議長は互選により決定する。

[ロサンゼルス校の例]

　次に、ロサンゼルス校においては、総会にあたる組織は立法議会（Legislative
Assembly）と呼ばれ、①議長と副議長、②前議長、③各デパートメント等か
らの教員代表者、④総長、学長等から構成される[7]。システムレベルや他の
キャンパスと同様、総長や学長等の執行幹部は意思決定に参画しない。各デ
パートメント等からの教員代表者については、各デパートメントのアカデ
ミック・セネイトの構成員 20 人あたりに 1 人の数の教員代表者が割り当て
られ、かつ、各デパートメントから最低 1 人は教員代表者を出すこととさ
れている（2020 年度において 167 名）。教員代表者の任期は 3 年である。

　アカデミック・カウンシルに相当する組織は執行委員会（Executive Board）
と呼ばれ、①議長と副議長（立法議会の議長と副議長を兼ねる）、②前議長、③ 5
の主要な分野別委員会の議長、④ 8 人の無任所委員、⑤学生（学部生と大学
院生）から成る。5 つの主要な分野別委員会とは、大学院委員会（Graduate

Council）、学部生委員会（Undergraduate Council）、計画・予算委員会（Council on Planning and Budget）、教員福祉委員会（Faculty Welfare Committee）、多様性委員会（Committee on Diversity, Equity and Inclusion）である。8 人の無任所委員は、総会の教員代表者の中から 3 人以上の有権者の署名により候補者となり、その後投票により選出される。1 年おきに半数改選される 2 年の任期である。

　分野別委員会は 26 存在し、その基本的な構成員や選出方法はバークレー校と同様である。

（3）スクールレベル等の組織

　キャンパス内のスクールやカレッジにおいても、システムレベルやキャンパスレベルと同様に、総会、カウンシル、分野別委員会の 3 層の組織が存在することが多い。一般に、総会はスクール等におけるアカデミック・セネイトの構成員全員により構成されるとともに、教員役員会（Faculty Executive Committee）等と呼ばれる代表者による幹部会を形成する。また、総会に属する委員会として、入学やカリキュラム、教員人事、教育、研究等に関する分野別委員会を持つ。これらの委員会は、執行部であるディーン等の諮問機関として立ち上げられる委員会とは別に存在するものであり、総会の議長についてはディーンが、分野別委員会の議長については各担当副ディーン等がカウンターパートとなる。分野別委員会には、常任委員会のほか、コロナへの対応など特別な課題への対応のために作られる特別委員会も存在する。スクール等の各分野別委員会の委員は、キャンパスレベルの常任委員会の委員などを兼ねることも多い。

　なお、さらに小さな組織単位であるデパートメントにも、アカデミック・セネイトの組織が存在する。その構造は規模等にもよるが、例えば、当該デパートメントにおけるアカデミック・セネイトの教員全員により構成される総会と分野別委員会が存在する等の例がある。デパートメントの総会の議長の執行部のカウンターパートとなるのはデパートメントチェアである。各デパートメントにおける議論においては、アカデミック・セネイトの構成員ではない教員等も議論に参画をしたり、時には意思決定にも参画をしたりすることもあり、上層部の組織と比較すると現場密着型の柔軟な構造と運用の実

態を持つ。

　このように、アカデミック・セネイトには、システム、キャンパス、スクール等の各レベルにおいて、それぞれ総会、幹部会、分野別委員会の 3 つが存在するほか、デパートメントにも一定の組織が存在し、重層的な構造となっている。そして、これらの構造は執行部における構造と対応し、それぞれのレベルにおいてカウンターパートが存在する。

2　意思決定プロセス

　アカデミック・セネイトの権限に属する案件は、ボトムアップで意思決定がなされる。例えば、ある案件が理事会の承認を要する事項である場合、まずは関係するデパートメント、続いてスクールやカレッジの分野別委員会や幹部会、総会において意思決定をし、その後キャンパスレベルの分野別委員会、ディビジョナル・カウンシル、総会の順に審議がなされる。キャンパスとしての決定がなされると、システムレベルの分野別委員会において審議され、その後、アカデミック・カウンシルに上げられた後、総会で意思決定し、最終的に理事会で審議がなされる。

　このとき、アカデミック・セネイトと執行部との調整は、デパートメント、スクール・カレッジ、キャンパス、システムレベルの各段階においてそれぞれのカウンターパート同士でなされ、その段階での調整が済んだもののみ、一つ上の段階へと進めることになっている。例えば、デパートメントにおいては、デパートメントの総会で意思決定した案件を、当該総会の議長とデパートメントチェアが調整し、合意がなされたものがスクール等にあがり、次にスクール等の総会で意思決定したものを、当該総会の議長とディーンが調整をする。同様に、キャンパスレベルではキャンパスの総会で意思決定したものを、当該総会の議長（ディビジョナル・セネイトの議長）と学長が調整をし、さらにシステムレベルでも総会までの審議を経てアカデミック・セネイトの議長と総長が調整をする。

　このほか、大学運営に係る重大な案件の場合などには、アカデミック・セネイトが総長を通じて理事会に直接に宣言や請願をする"建白"（Memorial）という仕組みも設けられている[8]。これは財政や資産運用なども含めた大学

運営全般に係る事項について行うことが可能であり、執行部と容易に調整が整わない場合等に活用できる。建白の発案は、システムレベルの総会のほか、各キャンパスのディビジョナル・セネイトから行うことが可能であり、いずれかのディビジョナル・セネイトが提案した場合には、そのような建白を理事会に行うべきかどうかについて全ディビジョナル・セネイトを対象に投票が行われる。アカデミック・セネイトの構成員全体の35％以上を占める、少なくとも3つのディビジョナル・セネイトから賛成の決議がなされた場合には、システムレベルの総会においてその建白を行うべきことが承認され、その後、この建白の内容に係る賛否の投票が全教員に対して行われる。この投票で全有権者数の過半数を超える賛成があったものについては、各キャンパスにおける具体的な投票結果の表とともに、意見が総長を通じて理事会に提出される。

　2019年には、この制度を用いて、気候変動問題への貢献に関連して、カリフォルニア大学の資産運用等において化石燃料に対する投資をやめるべきとの建白が、アカデミック・セネイトの教員の全得票数の77％という賛成投票の結果とともに理事会に提出された。また、過去には、カリフォルニア大学が連邦エネルギー省から運営委託を受ける国立研究所において核兵器を開発することについての是非を問う全教員の投票が行われたこともある。このほかにも、総長に対して辞職勧告を行う場合などにも用いられる。

　こうした組織的な意思決定への参画のほか、アカデミック・セネイトの構成員には、いずれの委員会にも属さない教員も含め、個人として意思決定プロセスに参画するための以下のような権利が認められている。

・システムレベルやキャンパスレベルの総会等に参加し、意見を述べること。
・教育課程に係る事案について、総会の承認なしで決定を行うことを認められた分野別委員会の決定に異議がある場合に、10名の構成員により控訴すること。控訴された案件はアカデミック・カウンシルで扱われ、それでも解決しない場合には総会で扱う。
・システムレベルやキャンパスレベルの委員会における規約に反することが疑われる決議について、10名の構成員により異議申立てを行うこと。

・総会が行ったすべての立法や決定について、その公表から 3 週間以内に、25 名の請願により再審議を申し立てること。

　このように、各教員は、個々の教員の立場としても、大学運営全体またはアカデミック・セネイトの意思決定等を監視し、必要に応じて関与し、声をあげることができる。

3　執行部や理事会等との関係

　執行部とアカデミック・セネイトの各レベルにおける情報共有と信頼関係はシェアード・ガバナンスの基盤であり、特に、大学運営全体に係る大きな意思決定やそのための調整を最終的に行うことになる総長本部の上級幹部とアカデミック・セネイトの議長や副議長との関係構築は重要である。

　これは多様な場で醸成されており、例えば、毎月 1 回、総長、プロボスト、財務担当副総長、研究担当副総長等の上級幹部とアカデミック・セネイト議長と副議長が定例の会合を開き、至急の懸案事項の討議や問題意識の共有等を行っている。また、総長が、特に重要事項について議論する役員会（President's Executive Cabinet）を形成する場合には、アカデミック・セネイトの議長も基本的にこれに参加する。

　また、特定の案件について、執行部とアカデミック・セネイトの共同委員会が常設または特設で設けられる場合もある。例えば、財政的事項の現状や課題について共有、議論し、総長に対して助言を行う上級財務委員会（Executive Budget Committee）が設けられており、総長本部の執行幹部と各キャンパスの執行幹部、アカデミック・セネイトの議長などが参画し、毎月 1 回会合を行う。また、学術計画委員会（Academic Planning Council）においては、システムレベルのプロボストとアカデミック・セネイトの議長が共同で議長を務め、この他に総長本部の執行幹部、各キャンパスの執行幹部、アカデミック・セネイトの副議長、アカデミック・セネイトの 5 つの主要な分野別委員会の議長などが構成員に含まれる。このように、執行部とアカデミック・セネイトの双方が参画する場が各方面において多数設けられることで、両者の信頼関係を維持し、多様な案件に係る教職間の調整を行うことを可能としている。

　また、理事会との関係については、大学運営の在り方や方向性について、アカデミック・セネイトは2つの方法により理事会に教員の総意を伝えることができる。一つ目は、アカデミック・セネイトの議長や副議長に認められる、理事会に参加する権利である。議長と副議長は、投票権はないが、毎回理事会のメインテーブルに着いて他の理事等と議論を行う。また、理事会の冒頭には、理事会と総長とアカデミック・セネイトの議長がそれぞれ挨拶をする機会が設けられていることも、3つのガバナンス組織が対等に尊重されていることを象徴するとともに、その時々で話題となっている大学運営に係る重要事項に関する基本的な認識を互いに共有する機会ともなっている。二つ目としては、前述の建白の制度のように、アカデミック・セネイト内で意思統一した教員の総意を、総長を通じて、あるいは直接的に理事会において陳述することができる。

　なお、外部との関係では、カリフォルニア州の3つの州立大学システムにおけるアカデミック・セネイト間の連携を図ることを目的としたアカデミック・セネイト共同委員会（Intersegmental Committee of the Academic Senate）が存在し、各大学システムのアカデミック・セネイトの議長と副議長、3つの主要な分野別委員会の議長などが参画をする。この委員会では、大学間で共通する課題や連携をとるべき事項、例えば、高校における大学準備教育、州の高等教育マスタープランに基づく入学定員、編入、教育の質の維持・向上などの案件について取り扱い、最新の情報共有や議論、調整等を行う。このような委員会を通じて、州の各大学システムの意思疎通を図り、州への貢献の最大化を目指す。

第3節　シェアード・ガバナンスの特徴と意義

1　カリフォルニア大学のシェアード・ガバナンスの特徴

　このように、カリフォルニア大学のシェアード・ガバナンスは、理事会、執行部、アカデミック・セネイトの3つのガバナンス組織が大学運営に係る責任と役割をシェアする仕組みを持つ。特に、執行部とアカデミック・セネイトについては、大学システムの重層的かつ分権的な構造におけるあらゆる

部分や段階において、それぞれ対等な独立した組織を持ち、互いに調整、連携を行うことで、全体としてのパワーバランスを保ちながら大学運営を共同で行っている。

　その枠組みにおいて、アカデミック・セネイトが理事会の定める規約により正式に大学運営に係る権限を与えられた独立した組織であり、執行部の下に諮問機関等として位置づけられるものではないという点は重要である。また、その権限は、学術的事項に係る最終的な決定権のみならず、財政的事項も含めた大学運営全体の方向性や重要事項に及び、経営的事項も含めて意見陳述する機会を制度として設けている。これにより執行部は、基本的にどのような大学運営に係る案件についてもアカデミック・セネイトとの議論や調整を経た上で意思決定を行う。

　また、アカデミック・セネイトの内部の組織構造としては、執行部が、大学システム全体としては総長、各キャンパスでは学長が各組織内の予算決定権や人事権等を持つ最高責任者としての地位を持つ独任制の機関であり、トップダウンの意思決定を可能とする企業のような組織体である一方、アカデミック・セネイトは、徹底した合議制と民主制に基づく仕組みを持ち、議長や委員の短期間の任期等、組織の活発な新陳代謝を実現する仕組みとも相まって、教員の隅々までをガバナンスに参画させていることが大きな特徴である。すなわち、大学組織の複雑な構造の中でも、教員一人ひとりの多様な意見をボトムアップで集約し、自律的に組織全体としての意思決定を行うための精緻な仕組みを持ち、これが全教員の相応の努力によって成り立っている。アカデミック・セネイトは、教員の年齢や身分にかかわらない率直な議論を歓迎し、多様な意見の間のコミュニケーションに価値を置き、異なる考え方の調整が最も大事であるという価値観のもとでコンセンサスを導くプロセスが重視されている。カリフォルニア大学においては、このような徹底した民主制を実現する全教員による巨大な組織が執行部と並んで存在し、大学運営全般に係るガバナンスに参画している。

2　各構成員の理解

　いかなる制度や組織構造も、構成員の理解がなくては機能しない。カリ

フォルニア大学でシェアード・ガバナンスが機能している理由の一つは、教員のみならず理事会や執行部にその価値がよく理解され、敬意を払われていることにある。特に、総長や執行幹部の理解は重要であり、これを欠くことによってシェアード・ガバナンスの機能が揺れ動くこともある。

　歴史的には、カリフォルニア大学の総長は、ほとんどが教員出身者であり、大学運営に係る重大な決定をする時には、意思決定プロセスの早い段階からアカデミック・セネイトの議長の部屋を訪れ、何度もよく相談をし、調整を図ってきた。このような中、第 20 代総長のナポリターノ氏は、元アリゾナ州知事、元国土安全保障長官という政治家の出身であった。州からの補助金に係る州政府との調整を期待されて就任したが、アカデミック・セネイトの存在は十分に重んじられず、執行部とアカデミック・セネイトの間の定例会議の頻度が減少するなど、パワーバランスに変化が生じた。しかし、在任中の何度かの大学にとっての危機の中で、終盤はアカデミック・セネイトとのコミュニケーションの機会を増やす経営体制へと変化した[9]。

　執行部とアカデミック・セネイトとの関係構築には、大学システムのナンバー 2 であるプロボストの存在が鍵ともなる。プロボストは主に大学の学術面に関する責任を負うことから、総長よりも教員に近い立場で、執行部と教員との橋渡しを担っていく立場にある。優れたプロボストは教員から尊敬され、人間性とカリスマ性、アカデミアと経営をつなぐ通訳者としてのコミュニケーション力、忍耐力は、主に外政を担う総長のそれとは違う意味で卓越しており、「その人でなければプロボストは務まらない」と確信させる力を持っている。

　そして、プロボストは教員のガバナンス組織に深く敬意を示し、案件の解決に多くの時間が割かれることになっても、教員の声を尊重し、妥協点を見つけて合意に結び付けようとする。このことについて、元プロボストのエイミー・ドア（Aimee Dorr）氏はこのように述べる[10]。「執行部が最終決定権を持つ予算のような事項では、問題が何であるか、選択肢は何であるか、なぜ我々がある選択肢は正しいあるいは間違っていると考えるのか、我々が何を考えているのかを、教員に理解してもらえるよう努めます。そして、もし教員が望むようなやり方をしないのであれば、『私はこういう理由で考え方が

異なり、このやり方ではこういう風になります』と説明をします。……優れた大学の執行者は、教員と何度も話し合うスタミナを持っています。……（教員との調整に）熱心に取り組み、皆が大賛成とはいかなくとも納得できる、大学にとって理にかなう妥協点を見つけられるということが、シェアード・ガバナンスがうまく機能している証だと思います。」このようなプロボストの存在も、シェアード・ガバナンスを有効かつ円滑に機能させる。

3　教員によるガバナンス参画の意義

　シェアード・ガバナンスの意義について、アカデミック・セネイトの元議長であるシェーン・ホワイト（Shane N. White）氏は、「大学は、教員がエンジンである。大学内の意思決定について、早くから教員に相談して進めることで、誤った決定を先に排除し、組織にとっての痛みを最小化することができる。私たちは、大学の使命である教育や研究、社会貢献について、それらを自ら実施し、成功させるよう常に心がけているからこそ、その方法を誰よりもよく理解しているはずである。大学としての在り方について、新しく就任した執行部よりもより良く知っており、組織としてのより良い決定を助ける自信がある」と述べる。大学の教育研究の質を保ち、生産性を向上させる原動力である教員の知性と熱意を大学のガバナンスに直接活かすとともに、複雑かつ多様な大学の運営を立場の異なる複数のリーダーシップにより見守り、時間をかけた議論と調整によって一つの結論を導き出すシェアード・ガバナンスの仕組みは、高い自律性が確保されたカリフォルニア大学の運営を正しい方向に導くために特に重要であると捉えられる。

　また、教員によるガバナンスへの参画が教員自身に及ぼす意識も重要である。アカデミック・セネイトは、デパートメント、スクールやカレッジ、キャンパス、システムの各レベルで多くの委員会を抱えているため、ほとんどの教員は常にいずれかの委員会に所属し、大学のガバナンスに関与をする。委員としての貢献は、教員評価の際に、教育活動、研究活動と並ぶ貢献活動の項目で評価され、昇進、昇格のための最低限不可欠な要素でもある。会議への参加や資料の読み込みなどその作業負担は少なくなく、教育研究活動と並行してこれを行うには相当な負担と努力が必要である。しかし、組織横断

的な委員会等において、各教員が、自らが所属する部署の利益のみならず、大学運営全体を考える立場でガバナンスに参画する機会を豊富に持つことは、個々の教育研究活動が社会にもたらす影響や大学としての社会貢献という広い視野で自らの日常的な活動や責務を捉える視点を身につけることにつながる。また、教員の大学コミュニティへの帰属意識や主体性を向上させ、組織を担う一員としての誇りを醸成し、社会に資する教育研究活動の質の維持・向上を支える一つの基盤となっている。このような効果は、アカデミック・セネイトが全教員を巻き込む民主的な合議体の組織であるからこそ実現されている。

　冒頭に触れたキング氏の言葉のとおり、シェアード・ガバナンスは大学運営において多様な意義を持ち、カリフォルニア大学の卓越性を堅固に支えている。

注

1　例えば、次を参照。John A. Douglass (1998). "Shared Governance at the University of California: An Historical Review"（ https://academic-senate.berkeley.edu/sites/default/files/shared_gov_pp_jd_sharedgov_198_1.pdf）、JUMBA2015 に お け る C. Judson King の 講 演 (2015)

2　C. Judson King (2013). "Tailoring and Shared Governance to the needs and opportunities of the Times" (https://cshe.berkeley.edu/sites/default/files/publications/rops.cshe_.13.13.king_.sharedgovernance.10.22.2013.pdf)

3　ただし、在籍が 2 年未満の講師は投票権がない。

4　福留東土（2013）「アメリカの大学評議会と共同統治 - カリフォルニア大学の事例 -」（広島大学　高等教育研究開発センター大学論集第 44 集（2012 年度）2013 年 3 月発行 :49-64)

5　An Act to Create and Organize the University of California, March 5, 1868, Sec. 18（https://bancroft.berkeley.edu/CalHistory/charter.html）

6　アメリカ及びカリフォルニア大学の教員組織の発展の経緯について、例えば、次を参照。John A. Douglass (1998) 前掲、福留東土 (2013) 前掲、Angus E Taylor. *The Academic Senate of the University of California Its Role in the Shared Governance and Operation of the University of California*. Institurwe of Governmental Studies Press University of California, Berkeley, (1988)

7　この他、会議の事務を取り仕切る書記（secretary）や、アカデミック・セネイトの資格を持つ執行幹部等を構成員に含む。

8　理事会へ伝えることを意図せず総長のみに直接宣言や請願を届けることもできる。

9　アカデミック・セネイトの元議長（2017-2018）であるシェーン・ホワイト氏へのインタビューより（2017 年）。

10　JUMBA 2015 "Governance as a Major Leverage Tool for Improving Quality in Higher Education"（2015 年 1 月 8・9 日）における講演より。

第 2 部　財　政

第 5 章

財政構造と状況

　カリフォルニア大学は、州からの補助金を財源の一部とするが、その額の水準は確保されておらず、毎年の措置額は不安定である。リーマンショックなど急激な不景気が生じた場合には、補助金が前年度比 20% 減少する年もあり、2021 年度には、コロナ危機の影響によりまた大幅に減らされようとしている。また、入学定員の増加等により大学の規模が拡大し続けるなか、州の補助金はそれに対応して十分には増えていない。州の補助金の全体予算に占める割合は、かつては 3 割以上あったが、現在は 1 割である。

　これはカリフォルニア州に限ったものではなく、全米的な状況である。アメリカ芸術科学アカデミー（AAAS: American Academy of Arts and Sciences）[1] の調査によると、アメリカの州立研究大学の学生 1 人あたりの州からの財政支援額は、2000 年から 2012 年までの 12 年間で平均 34 ％ 近くも減少している[2]。同協会の報告書はこのような状況について、大学は、①授業料や外部資金など、州から切り離された歳入構造を持つこと、②州全体の給与体系に拘束されないため、職員の給与を増減する柔軟な対応を独自にとり得ること、③教育課程やクラスの規模を変更するなどして費用を抑えられること、という 3 つの理由により、州立大学は他の政府機関よりも柔軟性のある予算構造を持ち、補助金の削減を吸収する受け皿を持つとみなされているためであるとする。このような意味で、州立大学の予算は、州予算の「天府」（balance wheel）であると表現される。天府とは、機械式時計において、時計の針を規則的に進めるための調整・制御をする部品である。すなわち、景気の変動を受けた州政府予算の変動を、大学予算が吸収・緩和することを示している。

　特にカリフォルニア州では、州独自の予算配分の仕組みにより、歳入項目

の多くは法律でその使途が決まっているが、大学予算はこうした確実に予算が措置される枠組みの中にはない。そのため、その年の州の歳入のうち、使途が決まっている分野に配分された後の残りから大学予算が措置されることになるため、不景気などで全体の歳入が縮減した際には、大学予算は極端に影響を受ける。

　本章では、カリフォルニア大学全体の財政構造や州の補助金の各キャンパスへの配分ルールに触れた上で、州の財政措置の状況等を紹介する。

第 1 節　財政構造

1　国立大学法人等との財政規模の比較

　カリフォルニア大学は 10 の総合研究大学、5 の学術医療センター、3 の国立研究所を持つが、その全体の財政規模は 2017 年度の予算ベースで 345 億ドル（約 3.8 兆円）である。一方、同年の日本の 86 国立大学法人と 4 大学共同利用機関法人の全体の財政規模は約 3.1 兆円（決算ベース）であり[3]、全体の財政規模としてはカリフォルニア大学が日本の国立大学法人等を上回る。一方、構成員を見ると、2019 年度の学生数については、カリフォルニア大学は約 285,000 人（学部生が約 226,000 人、大学院生が約 59,000 人）であるのに対し、日本の国立大学法人は約 606,000 人（学部生が 437,000 人、大学院生が 153,000 人）であり、日本は約 2 倍の学生数を抱えている。また、教員数についても、カリフォルニア大学は約 32,000 人[4]、国立大学法人は約 64,000 人と、日本が約 2 倍である。一方で職員数は、カリフォルニア大学は約 157,000 人、国立大学法人は約 85,000 人と、日本はカリフォルニア大学の約半分の人数である[5]。

2　歳入構造

　カリフォルニア大学全体の 2019 年度の歳入内訳は、**図 5-1** のとおりである[6]。これらの歳入は「コア・ファンド」とそれ以外に二分される。以下に、それぞれの内容と内訳を示す。

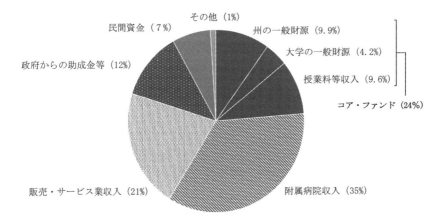

図 5-1　カリフォルニア大学の歳入内訳（2019 年度）（全体：398 億ドル）

【出典】https://www.ucop.edu/operating-budget/_files/rbudget/2020-21-budget-detail.pdf

（1）コア・ファンド（24 %）

「コア・ファンド」とは、授業料等の学生納付金や州からの補助金、間接経費等による収入であり、大学の本務的な教育研究活動に充てるための基盤となる資金である。主に教職員の給与や退職給付、設備費、学生への財政支援、幹部の給与等のために使われている。コア・ファンドの各項目の具体的な内容は以下のとおりである。

- 「州の一般財源」（9.9 %）：州から措置される公的な補助金であり、大学の州民に向けた教育事業への補助と一般に理解される。日本では、国立大学法人等運営費交付金の全体に占める割合は全体の 3 割以上を占めるが、カリフォルニア大学では全体の 1 割である。カリフォルニア大学への州の補助金は 30 年前には全体の約 3 割、20 年前には約 2 割を占めていたが、度重なる不景気とともにその割合は急速に減少した。
- 「大学の一般財源」（4.2 %）：州外学生に対する追加的な授業料、受託研究等の間接経費、特許料収入、手数料等である。
- 「授業料等収入」（9.6 %）：学生から納付される授業料と手数料のうち、州外学生を対象とする追加的授業料以外の収入である。日本の国立大学

法人における全体の財政規模に占める学生納付金の割合は約1割であり、ほぼ同じ割合である。これは、全体の財政規模が同等である中、カリフォルニア大学は学生の数としては日本の国立大学法人の半分弱程度であるが、授業料等の額が高いことによる。なお、カリフォルニア大学では、授業料等収入のうちの3分の1近くを学生に対する経済支援に充てている。

(2) コア・ファンド以外の収入 (76%)

コア・ファンド以外の収入は、大学の本務的活動の拡大や補完、社会貢献活動、大学の教育環境向上等のために使われることとされ、コア・ファンドとは区別されている。これらの資金は、連邦政府が行う給付型の研究助成金や学生への経済支援などのように使途が限定されているか、附属病院や補助事業など各セクターの独立した収支となっており、基本的には使途について総長本部には裁量がない。また、特に附属病院収入や補助事業収入については、一般市場の動向を踏まえ、民間セクターと同様の費用収益とすべきとされており、市場主導で決定される要素が大きいことが特徴である。

- 「附属病院収入」(35%)：カリフォルニア大学が運営する5つの学術医療センターの附属病院における収益である。日本では42の附属病院に係る収入が全体の約3割を占めており、カリフォルニア大学の割合とほぼ同等である。
- 「販売・サービス業収入」(21%)：住宅や食堂の供給サービスが大部分を占める。その他、駐車場、書店、エクステンション（一般社会人向けの公開講座）、博物館・美術館、映画館、出版業等である。
- 「政府からの助成金等」(12%)：個々の研究者が獲得する、連邦、州、市の政府が実施する研究プログラムに関する契約に基づく助成金（競争的資金）による直接経費の収入と、連邦政府や州政府からの学生への経済支援による収入の合計である。
- 「民間資金」(7%)：民間からの寄付金、民間との契約に基づく研究等への助成金のほか、キャンパス財団 [7] (Campus foundations) からの資金など

であり、民間が提供する受託研究費等も含まれている。寄付者により
使途を限定されているものが多い。

3　歳出構造

　コア・ファンドの歳出内訳を示すと、**図 5-2** のとおりである。教員給与が
3 割と最大であり、続いて、職員給与、雇用者や退職者の福利厚生費、設備
費等、学生への経済支援がそれぞれ 2 割程度ずつ占める。

　教職員の人件費という観点で見れば、コア・ファンドの 3 分の 2 が給与
や福利厚生費などに充てられるほか、連邦政府等からの競争的資金の直接経
費の一部も人件費に充てられ、附属病院や補助事業の項目にも人件費が含ま
れる。その総額は 2019 年度において 165 億ドルであり、全体の財政規模に
占める割合は 41 % である。

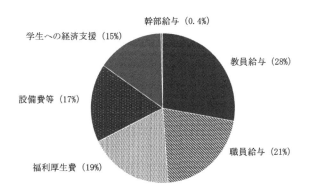

図 5-2　コア・ファンドに係る歳出内訳（2019 年度）

【出典】https://www.ucop.edu/operating-budget/_files/rbudget/2020-21-budget-detail.pdf

4　システムとキャンパスの資金配分モデル

　カリフォルニア大学の収入の中には、州からの補助金やキャンパス横断的なプロジェクト資金のようにいったん総長本部に帰属してそこから配分されるものと、授業料や附属病院収入、各研究者が獲得した競争的資金のように、はじめから各キャンパスに帰属するものとがある。これらの全体の収入を、総長本部と各キャンパスの運営費に配分する必要がある。その資金配分モデルは、各キャンパスの自律性をより広く認める形で過去2回の大きな変革を経ており、以下に各時代の配分の基本的な仕組みを概説する[8]。

(1) 2011 年以前

　2011 年以前は、州の補助金や各キャンパスが得る授業料・手数料を含め、歳入の多くをいったん総長本部に帰属させた上で、そこから総長本部の運営に必要な額を差し引き、残りを各キャンパスに配分するという方式がとられていた。各キャンパスへの配分額を決める算定方式は複雑で外部からはわかりにくく、総長本部には実質的に大きな裁量があった。しかし、州の監査により、総長本部による補助金の配分方式が不透明であることや、キャンパスによって学生1人あたりの州の補助金の額が大きく異なり、キャンパス間で学生に大きな不平等が生じていることが指摘された。例えば、2009 年度においては、サンタクルズ校の学生（フルタイム換算。学部生と大学院生を含む）1人あたりの補助金は 6,723 ドルであったが、ロサンゼルス校では 14,736 ドルと2倍以上であり、全体として、バークレー校やロサンゼルス校などの歴史が長く教育研究が卓越した老舗キャンパスに多く配分される傾向にあることが問題視された。

(2) 2012 ～ 2017 年

　州からのこうした指摘を受け、2012 年の財政改革においては、各キャンパスへの補助金の配分方式をより明確にするとともに、各キャンパスが外部からの資金集めにより積極的に取り組むインセンティブを付与する仕組みである「ファンディング・ストリーム・モデル」(Funding Streams Model) が採用された。このモデルのポイントは以下の3つである。

- 本来的に各キャンパスに帰属する収入（授業料や手数料、州外学生からの追加的授業料、研究者が獲得する競争的資金の間接経費、キャンパスごとの資産運用益、特許料等）は、当該キャンパスが保持・管理する。
- 各キャンパスは、総長本部の運営費分として、収入の一定割合を総長本部に納める。総長本部の運営費の総額は、総長本部と各キャンパスの執行部や教員代表者から成る上級財務委員会（Executive Budget Committee）が決する明瞭な方程式のもとで決められ、一定の査定を通じて各キャンパスへの「課税額」が決定される。なお、課税額は各キャンパスの全体の財政規模の 1.5 % 程度である。
- 州からの補助金については、システム全体で取り組むプロジェクトのほか、債務返済分、キャンパス一律の固定経費などを全体から差し引いた上で、学生 1 人あたり（ただし学生の立場により加重が異なる）の額がキャンパス間で一律になるよう、一定の算定方式に基づき配分する。

　このように、各キャンパスは、原則として自らが得た資金をすべて帰属させることができ、かつ、州の補助金は学生数を基礎とする算定方式で機械的に算出されるため、それ以前のモデルと比較すると、総長本部の裁量は低く、各キャンパスの自律性を大きく認めている。

　州の補助金を各キャンパスに配分するための算定方式については[9]、まず、サンフランシスコ校とマーセド校の 2 キャンパスについては、他の 8 キャンパスとは異なる扱いがなされる。サンフランシスコ校は医系大学院大学であって他のキャンパスとは収支構造が大きくことなること、マーセド校は 2005 年に設立された新興キャンパスであり、インフラ整備も含めた特別な配慮が必要であること等がその理由である。以下は、残り 8 キャンパスに適用される、州の補助金の配分に係る算定方式の基本的な考え方である。

　　［州の補助金の配分に係る基本的な考え方］

　　　毎年度の州からの補助金には、単年度のみ認められたものと恒久的に認められたものが存在する。

　　　まず、単年度のみ認められた補助金は、その性質上、州から使途が特

定されていることが多く、各キャンパスへの配分もその内容に沿った配分となる。仮に使途が特定されていないものが含まれていた場合には、総長が決定した目的のために使うか、後述する「加重入学者数」に基づく一般の算定により各キャンパスに配分される。

　次に、州から恒久的なものとして配分される補助金については、各キャンパスへの配分にあたり、次の2つに分類する。

　A　予算上示された特定のプログラムやイニシアティブの実現や、各
　　キャンパスへの一律の固定経費の支払いなど、使途が決まってい
　　るため配分の算定方式から除く資金（以下「保留分」という。）
　B　一定の算定方式に基づき、各キャンパスに配分する資金

　Aの「保留分」の総額は、各キャンパスの前年度の保留分の額を基礎として、当該年度に新たに使途を限定して措置された予算があればこれを加算する。また、もし使途の限定のない州補助金が前年度より追加的に措置されていれば、その増加分の割合を前年度の保留分の額に乗じて加算する。これにより、A枠からの配分額については、各キャンパスは、基本的には前年度の保留分以上の額を確保することができる。

　一方、Bの総額は、恒久的な補助金のうちAの「保留分」を除いたすべての額である。B枠における各キャンパスへの配分額の算定にあたっては、まずキャンパスごとに「加重入学者数」を計算する。加重入学者数とは、学生の数に学生の立場により異なる乗数を考慮して積算したものであり、州外に居住する学部生：0、州内に居住する学部生：1、専門職課程の院生：1、専門職課程以外の修士課程の院生：1、博士課程の学生：2.5、健康科学課程の学生：5の割合で加重し、生徒数に応じて足し合わせる。この加重入学者数のカリフォルニア大学全体に占める割合を求め、これをBの総額に乗じることにより求められた額を、B枠における当該キャンパスへの配分額とする。これを算定式として示すと以下のとおりである。

B 枠におけるキャンパスへの配分額
＝（全体の恒久的な補助金－全体の保留分(A)）× $\dfrac{\text{当該キャンパスの加重入学者数}}{\text{UC 全体の加重入学者数}}$

　以上をまとめると、州の補助金の各キャンパスへの割当分は、①単年度の補助金のうち予算上指定された使途または総長の決定等により当該キャンパスに割り当てられたもの、②恒久的な補助金における保留分として配分されたもの、③保留分以外について加重入学者数に基づく算定方式で配分されたものの合計額となる。

　このように、前年度の保留分を前提としつつ、その年の補助金の追加分を加重入学者数の割合に応じて配分する形とすることにより、生徒数に応じた各キャンパス間の平等な配分を原則としながらも、各キャンパスにおいて最低限の固定経費や割り当てられたプロジェクト経費が確保される形となっている。

(3) 2018 年以降

　2017 年に、カリフォルニア大学が州の監査において一部の提出データを改ざんしていた疑いが持たれる事件がおき、監査役はカリフォルニア大学の財政の在り方を変革するよういくつかの勧告を行った。州議会と大学との激論の末に、当面の間、大学予算のうちコア・ファンドに係る部分を、州の一般予算の項目に入れ込むことが決定された。すなわち、これまでは、憲法において保障された大学運営の自律性の観点から、州の予算項目としては州から大学に交付する補助金部分のみが計上されていたが、新たにコア・ファンド全体が州予算の一部とされ、その額が州予算の枠組みのなかで決定されることとなった。

　これにより、州議会の総長本部への影響力は強まると同時に、大学運営に著しい影響が生じている。従来のファンディング・ストリーム・モデルにより総長本部の運営費に充てられる各キャンパスからの徴収分の 90％ 近くはコア・ファンド以外の収入であり、総長本部は、その代わりにコア・ファンドの一部である州の補助金を、教員人件費や学生の経済支援などに充てるために各キャンパスに配分していた。これにより、各キャンパスにおける本務

的な教育研究活動や学生への支援が手厚くなるよう調整されていた。しかし、新しいモデルでは、このような調整が困難になるばかりか、総長本部は、各キャンパスとのコア・ファンドとそれ以外の資金のやり繰りに関し、帳尻を合わすための煩雑な事務を必要とするようになった。また、総長本部は組織の運営費を自由に決定できず、社会的要請の増大等に応じた予算規模の拡張を行うことができなくなった。このような点で、新しい仕組みは、予算全体のバランスを失し、教育研究活動が失速しかねない状態をもたらしている。州議会との取り決めでは、はじめの3年程度を試行期間としてこの仕組みを取り入れることとされたが、総長、学長、アカデミック・セネイトなど、大学の各構成員は、大学が自律性を持つもとの仕組みに戻すことを州に強く要請している。

第2節　州からの財政支援状況

1　州からの補助金の逓減

　カリフォルニア大学は創立以来、州の人口増加に伴う入学定員の増加やキャンパスの拡充、大学の果たす役割の質的・量的拡大などに伴い、急激に組織の規模が拡大しているが、州からの補助金はそれに見合うほど十分に伸びていない。全体の財政規模に占める州の補助金の割合を見ると、全体として減少傾向にあることがわかる（図5-3）。

　また、毎年の措置額の変動は、景気に左右されて大きい。例えば、2008年度と2011年度は単年度でそれぞれ25％、22％も激減しているほか、1990年度から1993年度の3年間で16％、2001年度から2004年度の4年間で19％減少している。

　コア・ファンドから支出される教育活動に充てられる費用の学生1人あたりの額を見ても、1990年度には26,110ドルであり、そのうち州の補助金による額は20,430ドルと全体の78％を占めていたが、2018年度には全体の額が20,670ドルと2割以上減少するなか、州の補助金による額は7,350ドルと全体のわずか36％となり、その不足分を授業料収入により補う形となっている[10]。

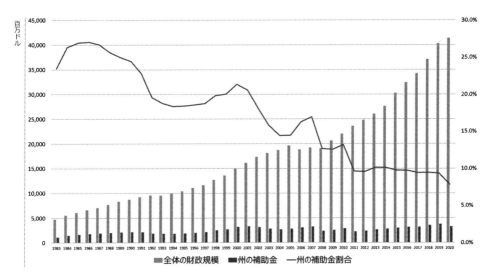

図 5-3　全体の財政規模と州の補助金の額、全体財政に占める州の補助金の割合の推移

("Budget for Current Operations 2020-21"（UCOP）等のデータから筆者が作成)

　このように、州からの財政支援は景気に応じて毎年不安定であるとともに、大学の全体の財政規模に占める割合や学生 1 人あたりへの教育支出は減少の一途をたどっている。

　州知事と総長との間では、過去何度も財政支援の安定化のための取り決めがなされた。多くの場合、州側からの要望は授業料の据え置きであり、大学からの要望は州からの財政支援の安定的な措置である。直近の例として、2015 年度に合意された複数年の財政計画では、州知事からは州の補助金を毎年 4 〜 5 ％純増することや、優先度の高いキャンパス修繕のための一時的な予算措置を行うことを、総長からは 2016 年度までの授業料据え置きと2017 年度からの最低限の値上げ、年金システムへの資金投入に係る双方の協力等が盛り込まれた。しかし、このような取り決めも、深刻な不景気の際には州側から一方的に破られた例もあり、大学側にとって毎年度の財政措置の正確な予測がたったことはない。

2　大学運営への影響と対応

　このような州からの財政支援の減少による各キャンパスの影響については、学生対教員比率の増加にその一端を見ることができる。予算上の計算に用いる比率は1994年度以降18.7：1とされてきたが、入学定員の増加に十分に対応する予算措置がなされてこなかったために、実際にはこの比率は21.9：1（2018年度）に達している（キャンパス単位でみれば、19：1から25.7：1までと大きな差がある）。**図5-4**は、全キャンパスの平均の同比率の推移を示したものであるが、不景気に伴い財政支援が減少した時を中心にその比率が上昇していることが伺える。

　このような中、大学はより直接的な財源確保のため、授業料を値上げすることにより対応してきた。授業料の額は州からの財政支援の減少に対応して一貫して上昇し、2011年度には授業料収入額は州からの補助金による収入額を超えた（**図5-5**）。理事会で授業料の値上げが議論されるたびに大規模な学生デモが起き、2017年度における理事会での授業料値上げの決定の場でも、会場において傍聴席のデモ隊が騒ぎ立てて一時休会となった。それでも大学運営のために授業料値上げを断行しなくてはならない状況となっている。

　一方で、州議会からはたびたび、大学組織は時代を追うごとに膨張しているという主張がなされる。入学定員の増加以上に事務組織が過度に肥大化していることが問題であり、業務の効率化によって財政規模を抑えるべきというものである。大学の財政規模については、健康医療分野をはじめとして市場の影響による一部の教員の給与の上昇のほか、地域貢献や社会の課題解決等に係る大学の役割の多様化と複雑化、アカウンタビリティの充実やそれに伴う情報戦略の強化、研究成果の社会実装の加速等、大学がより競争的な環境に置かれるにしたがって経営基盤の強化が必要となり、確かに年々拡大している。

　これに対し、カリフォルニア大学は大学運営に係る業務の効率化についても積極的に取り組み、その成果を社会に示している。2010年には、同大学の業務運営を教育研究活動と同じくらいの卓越性を持つものとすることを目標に掲げ、業務効率化プロジェクトとして「Working Smarter Projects」を始動させた。これは全キャンパスを巻き込んだ取組であり、あらゆるアプロー

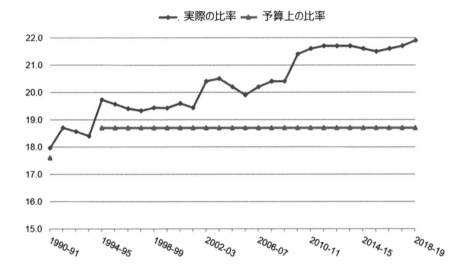

図 5-4　学生対教員比率の推移

【出典】https://www.ucop.edu/operating-budget/_files/rbudget/2020-21-budget-detail.pdf

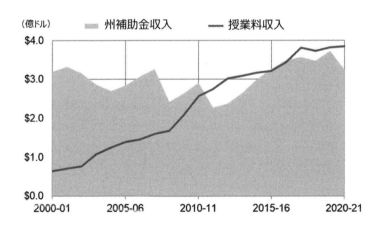

図 5-5　州の補助金収入と授業料収入

【出典】https://www.ucop.edu/operating-budget/_files/rbudget/2020-21-budget-detail.pdf

チによる業務効率化や利益の捻出を通じて、5年間で5億ドルの資金を生み
出し、その分を大学の教育研究活動に充てることとされた。

　実施にあたっては、総長本部の財務担当副総長とデイビス校のプロボスト
が中心となり、この業務を監督する運営委員会を構成した上で、アカデミッ
ク・セネイトのほか、キャンパス横断的な学長会議、副学長会議、業務執行
担当副学長会議、職員団体会議、IT担当者会議等からの助言を得ながら進
めることとなった。また、幅広く職員を巻き込むこととし、業務効率化に係
るアイデアを募集した。事務的な責任を持つ者として、総長本部の財務担当
副総長の下に、このプロジェクトを推進するための担当課長が新たに置かれ
た。

　このプロジェクトの具体化のために、以下のような30以上のプログラム
が実施された。

- キャンパスのデジタル化に係るもの：給与・人事に係る一元的な電子
  システムの構築、電子マネー活用の推進、情報・データシステムの構築、
  最新技術の導入等を通じた効率的な調達管理、統合的なデータシステ
  ムの構築による投資関連業務の効率化など
- サステナブル・キャンパスの実現に係るもの：エネルギー使用の効率化、
  キャンパスのゼロカーボン化、各職員のエネルギー消費把握のための
  システム導入など
- その他運用における効率化：リスクマネージメントシステムの見直しに
  よる資源ロスの削減、保険システムの改革、戦略的な調達プロセスの
  実施、ウェブサイトの抜本的整備による学内の政策文書等の情報への
  アクセスの効率化など
- 収入増加に係るもの：学生の家庭等からの寄付金の増額、競争的資金の
  間接経費割合の増加のための交渉強化、資産運用の基金間の資金配分
  の見直しによる運用益の増加など

　このように、組織の膨張に係る批判への対応を、業務全般におけるデジタ
ル化も含め、組織全体として戦略的な大学運営を行う基盤を作る戦略へと結

びつけたと言える。これらの取組の結果、5 年間で、コストの削減分が 4.3
億ドル、収入増加分が 2.4 億ドルと、5 億ドルの目標を大幅に上回る 6.6 億
ドルが捻出された [11]。これらの取組は現在でも続けられている。

第 3 節　研究資金をめぐる状況

1　研究資金の獲得状況

　アメリカの大学に所属する研究者への給与は、基本的には学生に対する授
業の実施への対価であり、研究に必要な資金は連邦政府からの競争的資金や
民間企業との契約等により外部から調達する必要がある。長期休暇中の給与
や研究のサポート人員の給与も、獲得した研究資金の直接経費から支払う。
また、大学は、個々の研究者が獲得した研究資金の間接経費により大学の施
設・設備を整備し、教育研究活動の質を維持するための環境を整備する。し
たがって、各研究者が獲得する研究資金が、大学の研究力を支える重要な財
源となる。

　この点、カリフォルニア大学の教員は、研究資金の獲得について目覚まし
い成果を挙げている。例えば、カリフォルニア大学の年間の研究経費は全米
の 4 年制大学の 9 ％を占める（2017 年度）。また、テニュアを持つ教員 [12]1
人当たりの研究資金獲得額は、同年度において年間約 54.9 万ドルであるが、
これは名門公私立大学の集まりであるアメリカ大学協会（AAU: Association of
American Universities）の私立大学の平均 53.4 万ドルや、他の公立大学の平均
31.1 万ドルを上回る。

2　財源別の研究資金

　2019 年度にカリフォルニア大学の教員が研究協定等の契約（以下「研究協
定等」。複数年度にわたる契約も含む。）に基づき獲得した研究資金（収入ベース）の
総額は、62 億ドル以上 [13] であった。

　また、当該年度以前に獲得した研究協定等に基づき 2019 年度に実際に支
出した研究経費の総計は 52 億ドルである。この研究経費の財源別内訳を見
ると、連邦からの資金が 46 ％、民間からの資金が 31 ％、州からの資金は

11 % である（図5-6）。それぞれの資金について、以下詳述する。

(1) 連邦からの研究資金（46 %）

国立衛生研究所（NIH: National Institutes of Health）や国立科学財団（NSF: National Science Foundation）などの連邦政府機関による、個々の研究者に向けた競争的資金である。

研究協定等の締結元の内訳は、**図 5-7** のとおりである。これによると、NIH その他の保健福祉機関を相手方とするものが 65 % と最も多い。次に多いのが NSF であり、さらに、国防総省（DOD: Department of Defense）、国立航空宇宙局（NASA: National Aeronautics and Space Administration）、連邦エネルギー省（DOE : Department of Energy）と続く。

分野別に見ると、連邦政府機関から獲得される研究資金の 9 割以上が医療と STEM[14] の分野である。また、割合としては少ないが、人文・社会科学、各種専門領域などの他の機関からの外部資金を獲得しにくい研究分野も対象とする。連邦からの資金は、巨額の資金が必要な最先端のサイエンスの分野やすぐにビジネスにはつながらない基礎研究や人文学研究等の分野まで、広範な分野における研究を支える貴重な財源となっている。

(2) 州からの研究資金（11 %）

州からの研究資金は、連邦政府からの資金のような個々の研究者への競争的資金とは異なり、主に大学組織に対する資金である。例えば、州とカリフォルニア大学と産業界の 3 者が連携し、バイオテクノロジーや IT、ナノサイエンス等の最先端の研究分野での研究を進めることを目的として創設したカリフォルニア科学イノベーション機関（the California Institute for Science and Innovation）や、農業試験場といった特定の組織への助成のほか、エイズ、感染症、喫煙関連疾患、乳がん、老年医学等の州レベルの社会的な課題を解決することを目的として組まれた州主導の研究プログラムへの助成などがある。また、州政府機関内の公衆衛生局、交通局、医療サービス局、社会福祉サービス局、食糧農業局などと大学の研究協定等も存在する。

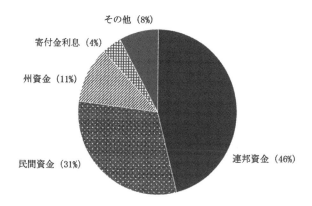

図 5-6　研究経費の財源別内訳（2019 年度、総額 52 億ドル）

【出典】https://www.ucop.edu/operating-budget/_files/rbudget/2020-21-budget-detail.pdf

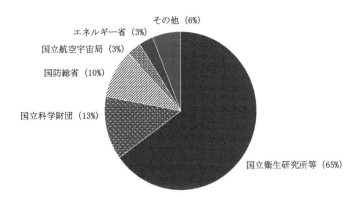

図 5-7　研究協定等の締結元内訳（2019 年度、総額 35.8 億ドル）

【出典】https://www.ucop.edu/operating-budget/_files/rbudget/2020-21-budget-detail.pdf

(3) 民間からの研究資金（31％）

　全体の3割の研究経費を支えるのが民間からの研究資金である。これは、非営利法人である財団等からのものと営利法人である企業からのものがある。これらのバランスはその時の景気の状況によっても異なるが、複数年度にわたる平均で見れば概ね半々程度である。2008年のリーマンショック後の2010年度以降は営利法人からの投資が急激に伸び、近年は非営利法人からの資金を大きく上回っている。

　営利法人からの助成は、国内外の企業からのものである。その額は2011年から2019年までの9年間で総計15億ドルの規模となり、これらの研究協定は研究者の国際的なコミュニティの形成に重要な役割を果たしている。研究協定先を国別に見ると、1位が日本（17％）、2位がイギリス（15％）、3位がスイス（12％）となっており、特に製薬関係やエネルギー関係の研究分野が多い。

　非営利法人からの助成については、ビル＆メリンダ・ゲイツ財団、ゴードン＆ベティ・ムーア財団、サイモンズ財団等からのものなどがある。

3　財源別内訳の推移

　図5-8は、カリフォルニア大学の研究経費について、連邦、州、民間からの各資金の額の2006年度〜2019年度までの15年の推移を示したものである。連邦からの資金については、2009年の景気刺激策としての米国復興・再投資法（American Recovery and Reinvestment Act）によりカリフォルニア大学の研究事業等に対して約10億ドルの投資がなされ、そのために一時的に大幅に増えているが、全体としてゆるやかに減少傾向にある。一方、民間からの資金がこれを補うように増加しており、この10年あまりで1.5倍以上となっている。州からの資金はほぼ横ばいであるが、若干の減少傾向にある。

　このように、連邦政府機関からの研究資金が引き続き大きな役割を果たしつつも年々減少傾向にあるなか、民間企業等からの資金がますます重要な位置づけとなっている。

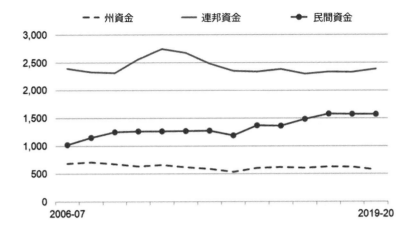

図 5-8　研究経費の財源別割合の推移（100 万ドル単位、インフレ調整後）

【出典】https://www.ucop.edu/operating-budget/_files/rbudget/2020-21-budget-detail.pdf

4　間接経費

　研究者が外部から獲得する研究資金には、直接経費と間接経費がある。直接経費の主な使途は、その資金を獲得した研究代表者やスタッフの給与、研究に必要な設備や材料の購入費などである。

　一方、間接経費は、学内の教育研究活動に資するための大学の施設や設備の整備や管理費等に充てられ、研究者個人でなく大学に帰属する。2019 年度におけるカリフォルニア大学の連邦政府機関との契約による間接経費の収入は約 3 億ドルであった。

　間接経費の割合は、各キャンパスが前年度に実際かかった経費のデータをもとに支出元の機関と交渉することで決められるが、現在の水準は 54.0 〜 60.5 %（キャンパス内での研究の場合。2019 年度）である。これは 30% 程度の日本よりも高い水準であるが、アメリカの他の公立大学と比較すると同等であり、私立大学と比較すると低い方である。これは、州立大学は公的機関として、別に補助金の形で公的資金による支援がなされているため、間接経費を低く抑えることが適当という連邦政府の基本的な考え方があることも影響している。

5　公私立大学の公的資金に係る状況

　アメリカの公私立大学の公的資金をめぐる状況について、バークレー校の公共政策大学院、ゴールドマンスクールの長であるヘンリー・ブレイディ (Henry Brady) 氏はこう指摘する。

> 「大学に寄付をすると税額控除が適用され、寄付者は相応の税金を支払わなくて済むことになるため、税額控除は事実上の公的な資金援助であるとも言える。この観点で見ると、スタンフォード大学はカリフォルニア大学バークレー校の 2 倍から 6 倍もの公的補助金を受け取っており、スタンフォード大学の方がよほど『公的』な存在と言えるのではないか。
>
> 　そうなると、それほどの巨額の補助金を受け取っている私立大学がどのような公的な貢献を提供してくれるのかを問わざるを得なくなる。このことは今後の高等教育の在り方について考えるときに考慮すべき点である。」[15]

　アメリカの州立大学に対する州議会や社会からの厳しい要求を念頭に置くとき、州立大学は、制度としては自律性が担保されているものの、財政規模の 1 割程度の州の補助金と引き換えに、それよりもはるかに大きな公的責任と要請を負っているとも捉えられる。

　なお、増加する州人口に伴う入学定員の拡大、あらゆるバックグラウンドの州民を入学させるための低廉な授業料の設定と経済支援の充実、州居住者の入学枠を圧迫しないような州外学生の入学の抑制、構成員全体の多様性の確保、アカウンタビリティの充実、地域の教育向上や地球規模課題の貢献などへの対応が求められる上、これらの役割の多様化や複雑化に伴う総長本部の膨張には厳しい目が向けられる。

　このような中で、これまで築いてきた世界のトップ研究大学としての実績を維持し、財政難のなかでも世界的な教育研究力を維持する必要がある。この点、私立大学は、公的な補助金を直接受けない代わりに、公的使命に由来する社会的要請が少なく、自由な立場で、教育研究活動の質の維持のための手段を選択することができる。

　これに加えて、ブレイディ氏の指摘のとおり、税額控除分を加味した場合には私立大学のほうがより多くの公的資金を受け取っていると言えるとすれば、大学間の教育研究活動に係る争いの中で、州立大学が私立大学と比較していかに厳しい状況にあるかが想像できる。

注

1　アメリカ芸術科学アカデミーは、マサチューセッツ州ケンブリッジに本拠地を置く、600 人の外国人名誉会員を含む 5,500 人近いメンバーからなる権威ある学術団体である。1780 年に発足。

2　"Public Research Universities -Recommitting to Lincoln's Vision: An Educational Compact for the 21st Century"（American Academy of Arts and Science、2015 年 9 月）

3　カリフォルニア大学の出典は "Annual Accountability Report 2017"（the University of California, Office of the President）、国立大学法人等の出典は文部科学省「国立大学法人等の決算について（平成 29 事業年度）」より。

4　カリフォルニア大学総長本部の Information Center において公表されている 2019 年 10 月時点での教員数のうち、教員（faculty）のほか、"Other Academic Employees" の数値を含む。

5　学生数及び教職員数の出典について、カリフォルニア大学は "Annual Accountability Report 2020"（the University of California, Office of the President）及び Information Center、国立大学法人は文部科学省「令和元年度学校基本調査」より。カリフォルニア大学の教職員は FTE（常勤人員換算）。日本の学生数の合計には専攻科及び別科の学生並びに科目等履修生等を含むため、学部生と大学院生の合計に一致しない。また、教職員数は本務者のみ、国立大学法人のみの数値。

6　"Budget for Current Operations 2020-21"（the University of California, Office of the President）

7　キャンパスごとに、当該キャンパスへの寄付金の促進や寄付金による基金運用等を行う公益財団が、独立した組織として存在している。

8　配分ルールの基本的な仕組みにつき、例えば以下を参照。"Budget for Current Operations 2020-21"（the University of California, Office of the President）

9　"Systemwide Budget Manual"（the University of California, Office of the President、2017 年 11 月 3 日改訂）（https://www.ucop.edu/operating-budget/_files/bap/systemwide_budget_manual.pdf）

10　州の補助金に係る各種データにつき、以下を参照。"Budget for current operations 2020-21"（the University of California, Office of the President）

11　カリフォルニア大学総長本部作成のウェブサイトを参照。"Working Smarter"（https://workingsmarter.universityofcalifornia.edu）

12　ラダーランクという給与体系の給与が適用されている者に限る。

13　間接経費の額を含む。

14　Science, Technology, Engineering and Mathematics。科学・技術・工学・数学の分野。

15　Henry Brady and Robert Birgeneau(2016. 9.18)"Recommitting to Lincoln's Vision An Educational Compact for the 21st Century"　講演（https://gspp.berkeley.edu/events/webcasts/recommitting-to-lincolns-vision-an-educational-compact-for-the-21st-century）

第6章

授業料と経済支援

　アメリカの多くの州立大学は、全体の財政規模に占める州からの財政支援の割合の減少に対応し、授業料の値上げを実施している。カリフォルニア大学もその例外ではなく、州民が支払うべき学部の授業料と手数料は 2020 年度において 14,100 ドル[1]（約 150 万円）と、日本の国立大学の授業料標準額（535,800 円）と比較すると 3 倍程度に相当する。

　一方、同大学は、州立大学としてどの所得層の州民にも入学の機会を与えられるよう、学部生への経済支援について合理的な仕組みを設けている。大学が低所得層をどの程度受け入れているかを示す指標としては、連邦政府からの給付型の経済支援[2]であるペル・グラントの受給者の全体の学生に占める割合が用いられることが多いが、連邦教育省による調査によると、カリフォルニア大学に 2011 年に入学した学生のうち 41 ％ がペル・グラントの受給者であった。アメリカ大学協会の州立大学の平均が 22 ％、私立大学の平均が 15 ％ であることを踏まえると、他の同等の大学と比較して非常に多くの低所得層の学生を受け入れていることがわかる[3]。

　このような実績を支えるカリフォルニア大学の経済支援の仕組みは「教育財政モデル」と呼ばれる。これは、低所得層の大学への受入れと大学としての財源の確保を両立する点で優れており、同大学が目的に対して極めて合理的な政策手段を講じることを示す好例である。

　本章では、カリフォルニア大学の学部を中心とする授業料等の基本的な構造と、州民に対する高等教育の機会均等を担保する経済支援の仕組みを紹介する。

第1節　授業料等の構造

1　授業料等の基本的な仕組み

　カリフォルニア大学に在学する学生が支払うべき学生納付金には、授業料、学生サービス料、専門職課程における追加的授業料、キャンパスに支払う手数料、州外学生の追加的授業料の5つがある[4]（表6-1）。

　このうち、授業料（tuition）は大学の授業等を通じて学生が教育サービスを受ける対価として概念されるものである。額は全キャンパス共通であり、理事会が決定する「学生の授業料等に関する指針」（Regent Policy 3101）において、以下の5つの要素を踏まえて総長が案を作成して理事会に諮り、決定することとなっている。また、総長は、授業料の水準について、教員や学生

表6-1　学生納付金の種類

	対象	収入の使途	（参考）2020年度の額
①授業料	全学生	大学の本務的な活動[5]（教員給与、学生サービス、図書館の運営、施設設備の維持・管理、学生の経済支援など）	年間11,442ドル
②学生サービス料	全学生	大学の本務的な活動以外の活動に関わる学生サービス（学生のカウンセリングや進路相談など）	年間1,128ドル
③専門職課程における追加的授業料※法学、経営学、医学など	専門職課程に在籍する学生[6]	専門職課程の質の維持	所属する専門職課程により異なる
④キャンパスに支払う手数料	全学生	各キャンパスにおいてかかる費用で、システム一律に定める授業料や手数料によっては賄えない活動（学生自治会、施設の建設・改装、スポーツやレクリエーション施設運営、キャンパス独自のプログラムの実施など）	（全キャンパスの平均）年間1,530ドル
⑤州外学生の追加的授業料	州外学生	使途の限定はない	年間29,754ドル（学部生）、15,102ドル（大学院生）

から適切なプロセスを経て意見を聴取することとされている。

［授業料等の決定において考慮するべき事項］

1. 州の高等教育マスタープランに基づく州民の大学への入学機会の確保、大学の教育研究の質の維持、大学全体の使命の遂行のために必要な資金の確保
2. 住居費、食費、医療費、図書・物品購入費、交通費その他の学問または私生活に必要となる、学生が負担する全ての在籍コスト
3. 学生の教育に係るコストに対する各種経済支援の額
4. 州から大学への財政支援の額
5. 他の同等の州立大学における全在籍コスト

　次に、学生サービス料（student service fee）は、カウンセリングや進路相談など学生のサポートのために大学が実施するサービスへの対価である。授業料と同様、全キャンパス一律に額が決められている。

　専門職課程における追加的授業料は、法学、経営学、医学（ロースクール、ビジネススクール、メディカルスクール）などの専門職課程に所属する場合に追加的に発生する授業料である。専門職課程では、一般にこれらの分野の人材の給与水準が市場において高いため、優秀な教員を獲得するために高い水準の給与が必要であること、学生自身の将来的な給与水準の見込みが高く、多く借り入れをしても賄うことができると期待されること、課程によって専門的な施設・設備に費用がかかることなどの理由により、それぞれの課程で必要な額が課されている。その額は、キャンパスごと、また専門職課程ごとに異なる（バークレー校の例：法学 40,636 ドル、経営学 49,710 ドル、医学 23,772 ドルなど）。

　また、キャンパスに支払う手数料は、理事会の承認を経て各キャンパスが独自に設定するものであり、学生自治会、競技場などのスポーツ施設の運営や改修、キャンパス独自のプログラム等のための費用として追加的に徴収される。

　最後に、州外学生（non-resident student）への追加的授業料については、カリフォルニア大学は州立大学として一義的には州民に対する教育機関として

あるべきという考え方から、州外学生に対しては追加的な授業料が課せられる。州内学生（resident student）として認められるためには、原則としてカリフォルニア州に 1 年以上居住していることが必要である。追加的授業料から得る収入は使途が限定されていないため、州からの財政支援が減少するなか、各キャンパスの教員人件費や低所得層の学生への経済支援等のための重要な財源となっている。額は全キャンパス共通である。

　専門職課程における追加的授業料以外の学部学生の負担額を見ると、州内学生については①の授業料、②の学生サービス料、④のキャンパスへの手数料の合計で 14,100 ドル（約 150 万円）であり、州外学生は⑤の追加的授業料を加えて 43,854 ドル（約 480 万円）である。この額は日本の国公立大学の水準と比べるとかなり高額であるが、アメリカの他の州立研究大学と比較すると突出して高いわけではない。どの大学も、州からの財政支援の減少に対応して授業料等を引き上げているためである。

　また、学生は、これらの授業料等以外にも、健康保険料や住居費、生活費などの様々な在籍コストがかかる。特に住居費は、近年の州の不動産の高騰を受けて非常に高額である。学生 1 人当たりの年間の在籍コストは、2020 年度において、授業料等に加え、健康保険料（2,800 ドル）、図書や物品等の購入費（1,200 ドル）、住宅費（16,500 ドル）、交際費・交通費（2,100 ドル）と見積もられ、これらを合計すると、州内学生は年間 34,100 〜 36,700 ドル、州外学生は 63,900 〜 66,500 ドルとされている[7]。

　なお、これらの授業料等の収入の大学の全体予算に占める割合は、①の授業料、②の学生サービス料、③の専門職課程のための追加的授業料、④のキャンパスレベルの手数料を合計して約 1 割である。また、④の州外学生のための追加的授業料による収入は別途 3 ％を構成している。

2　歴史的経緯

　カリフォルニア大学のこのような学費負担は、同大学の創立当初からあったものではなく、1868 年の大学発足から 100 年もの間は州内学生は授業料が無償であった。それがどのように現在の状況に至ったのか、約 50 年ごとに 3 つの時代区分に分けて歴史的変遷を紹介する[8]。

（1） 1868 〜 1920 年

　まず、カリフォルニア大学が創立してから約 50 年（1868 〜 1920）は、授業料と手数料がともに無償であった時代である。1868 年のカリフォルニア大学設置法には、学費について「当分の間、カリフォルニア大学理事会が適切と認める入学費と授業料が学生に対して要求される。しかし、いったん歳入を確保した段階ですぐに、州内学生の入学金と授業料を無償とする。」と規定されている。つまり、州内学生の授業料無償の原則が謳われていた。実際に、カリフォルニア大学は開校して 3 ヶ月で州内学生からの授業料等の徴収を停止したとされる。

　ところが、州の急激な人口増加に伴って入学者数が年々増加するなか、大学はすぐに財政的な逼迫に直面した。寄付金等の外部資金がないことに加え、州からの財政支援が、州の課税財産からの収入の一定割合を大学に交付するという硬直的な仕組みになっており、学生数の増加分に対する財政措置がほとんどなされなかったためである。1899 年にベンジャミン・ウィーラー氏が総長として就任したときには、大学はすでに深刻な財政状況に直面していた。この当時から学生からの授業料等の徴収の是非が議論されていたが、総長はこれを許さず、代わりに州知事や議員を説得し、1911 年には入学者数に比例して州からの財政支援を増やすことについて州知事との合意を実現させた。これにより組織規模の増強のための元手を確保したカリフォルニア大学は、その後急激に成長し、ウィーラー氏の在任中（1899-1919）にアメリカで最大規模の高等教育機関へと発展した。

（2） 1920 〜 1970 年

　次の 50 年（1920 〜 1970）は、授業料は無償であるが、手数料のみが課された時代である。ウィーラー総長が退いた翌年の 1920 年、理事会は、州内学生への義務的徴収費として「付随的な手数料」（incidental fee）の創設を可決した。当時はまだ州立大学の授業料は無償であるべきという社会の認識が強かったこともあり、この手数料の創設は、創設以来続いてきた授業料無償の原則を崩すものではなく、大学の本務的な活動である教育の提供以外の学生サービスへの対価であると説明された。1955 年には、この付随的な手数料

は大学の本務的な教育活動に直接または即時に関連のない追加的なサービスのために課されるものと正式に位置づけられた。この当時、学生数に比例した州からの財政措置という州との約束はすでに守られなくなっており、引き続き財政問題に直面していた同大学は、創設当初は年間 25 ドルであった手数料を加速度的に引き上げ、50 年後には 13 倍の 320 ドルとなった。なお、州外学生に対しては授業料を課しており、これも加速度的に値上げされた。1920 年当時には 75 ドルであった授業料が、約 50 年後の 1968 年には 16 倍の 1,200 ドルとなっている。

　1960 年に策定された州の高等教育マスタープランには、長い伝統を持つ州民に対する授業料無償の原則を貫くべきことや、教育活動に直接関連しない学生サービス等にかかる費用のために付随的な手数料を課すこと等が明記され、当時の運用がそのまま反映されるかたちとなった。

　1968 年には付随的な手数料は「登録料」(registration fee) と改名され、学生サービスのほか、コストが増大してきた学生への経済支援のために充てられることとなった。これが現在の「学生サービス料」(student service fee) の前身であり、2010 年に現在の名称に変更された。

(3) 1970 年～現在

　最後の 50 年（1970～現在）は、現在の授業料の前身となる「教育料」(education fee) も課されるようになった。1967 年に州知事に就任した、後に第 40 代大統領となるロナルド・レーガン（Ronald Wilson Reagan）氏は、カリフォルニア大学に授業料を設けることで州の財政負担を減らすことはできないかと考えていた。そこで、当時の総長であり、高等教育マスタープランの策定にあたり授業料無償の原則を改めて強調したクラーク・カー氏に対し、授業料の仕組みを設けることを求め、それとともに州から大学への財政支援を 10 ％削減する提案を行った。カー総長はこれに強く反対したために、同年、レーガン氏が州知事として最初に参加した理事会において総長の職を解任された。その後もレーガン知事の強い圧力のもと、1970 年に「教育料」が創設された。ただし、この教育料は、当面は学生の経済支援のために使うという使途制限が規定されていた。

　1976 年には教育料と登録料の使途の区分について調整され、教育料は学生の経済支援のために、登録料はその他の学生サービスのために使うという整理が理事会でなされた。1981 年には教育料を州からの財政支援が行き届かなくなった基本的な教育サービスのためにも使うことができることとし、ここで初めて大学の本務的活動のために使うことができる学費として位置づけられた。1994 年には理事会で「学生手数料に関する指針」と「経済支援に関する指針」が可決され、ここで教育料は大学の一般的な運営のための経費に使われることが確認された。

　教育料は、不景気に伴う州からの財政支援の減少による大学の財政的苦境を反映し、手数料と同様に急激に値上げされていった（**表6-2**）。2011 年には教育料は「授業料」（tuition）と改名された。

　授業料をめぐる州政府と大学の基本的なスタンスは、教育料（授業料）の創設前後で全く入れ変わることとなった。もともと教育料の創設は州政府が強く迫り、大学側は授業料無償の原則が破られることに激しく抵抗した。しかし、ひとたび授業料が設けられると、大学は財政難のなかでその額を上昇させ続け、逆に州政府は世論の声を受けてその値上げを牽制する立場に回るようになった。一方で、大学に独自に収入を得る仕組みができたことで、州政府は財政支援を拡充することはほとんどなくなった。

　このような動きは、州立大学の運営にかかるコストを誰が負担するかとい

表 6-2　登録料及び教育料の 10 年ごとの年間額の推移（1970 〜 2016 年度）

	登録料 （学生サービス料）	教育料 （授業料）	合計	全体の財政に占める 州の財政支援の割合
1970 年度	320 ドル	150 ドル	470 ドル	—
1980 年度	419 ドル	300 ドル	719 ドル (153%)	28.6%
1990 年度	673 ドル	951 ドル	1,624 ドル (226%)	24.4%
2000 年度	713 ドル	2,716 ドル	3,429 ドル (211%)	21.4%
2010 年度	900 ドル	9,342 ドル	10,242 ドル (299%)	13.2%
2016 年度	1,074 ドル	11,160 ドル	12,234 ドル	9.9%

（注 1）　上記「教育料（授業料）」は州内の学部生を対象とするもの。
（注 2）　表内の括弧内は、10 年前との比較

う基本的な構造や考え方が変化していることを示している。大学運営が州の十分な財政支援による限りは、州立大学は州民全体の税金で運営され、大学の活動が州全体の利益になるものとして公に認められている状態である。一方、財政支援よりも授業料の割合が増えていく状況は、大学の活動による利益を個人的なものと捉え、大学から教育サービスを受ける者がコストを負担するべきという受益者負担の考え方に近づく。現在は、大学全体の財政構造のうち州からの補助金と授業料等収入がともに1割と同等である。財政の観点からすれば、州立大学は「公」から「私」の存在に近づいているということができる。

第2節 経済支援

1 学部生への経済支援の概要

　カリフォルニア大学は、高等教育マスタープランにより、高校での成績が州で上位8分の1であったすべての者に門戸を開かなければならない。これが達成されるよう、連邦政府、州政府、大学のそれぞれによる重層的な経済支援の枠組みが設けられている。

　カリフォルニア大学に在籍する学生が受け取ることのできる給付型の経済支援には、①連邦政府からの「ペル・グラント」(Pell Grant) プログラム、②州政府からの「カル・グラント」(Cal Grant) プログラム、③カリフォルニア大学独自で行う経済支援プログラムの3つの柱がある。まず、連邦政府が実施するペル・グラントは、最高受給額を設定し（2020年度は年間6,345ドル）、ここから各学生の家庭の年収や資産、家族構成、年齢等から算出される家庭負担期待額を差し引くことで受給額を決定している。州政府からのカル・グラントは、ペル・グラントと同様の受給額決定の仕組みをとるが、支援額をより手厚くするもので、設定される最高受給額が高い。その上で、ペル・グラントの支給額では足りない部分を補充する形となっている。カリフォルニア大学入学者へのカル・グラント最高受給額は12,570ドル（同年度）であり、より多くの所得層が手厚い支援を受けられる。

　カリフォルニア大学からの経済支援は、これらの連邦や州からの支給額も

算定に入れつつ、すべての所得層の学生の入学の機会の確保するために、最終的な十分な支援を行うことを目的とする。その仕組みは、1994 年に理事会が承認した経済支援に係る方針に基づき、1998 年にその具体的なガイドラインの中で示された「教育財政モデル」(Education Financing Model)[9] として定められている。

　本ガイドラインにおいては、カリフォルニア大学がこのモデルを採用する理由として、①学部生に対する経済支援の実践のための概念的規範を提供すること、②社会に対する経済支援の実践に関する説明を容易にすること、③大学が学生や保護者に期待する財政的な貢献に関する枠組みを共有すること、の 3 つであると示されている。すなわち、経済支援額を決定する方式を定めるのみならず、大学が実践する経済支援策の考え方や構造を、学費の一部を負担する学生やその保護者も含め、社会に対して明確に説明をして理解を得ることが目的である。

2　「教育財政モデル」の前提

　カリフォルニア大学の経済支援の基本的な枠組みである「教育財政モデル」について詳説する。

　まず、このモデルでは、学生が在学中に負担しなければいけない額、すなわち「学生の在籍コスト」について、授業料や手数料などの大学に対する義務的な納付金だけではなく、図書や備品等の購入費、住居費、生活費、交際費、交通費、健康保険料といった学生が大学生活を送るに当たり必要となるすべての費用を含めることを前提としている。そして、この在籍コストが学生への経済支援額を決める算定のベースとなる。その額は、インフレや地価の上昇、携帯の使用など生活スタイルの変化によって毎年変動し得るため、固定額ではなく、大学が 3 年おきに行う学生の在籍コストに関する調査 (Undergraduate Cost of Attendance Survey) のデータを使用する。なお、大学に在籍することによる労働の機会費用、すなわち、大学に在籍せず働いていれば得ることができる給与分については在籍コストに換算されない。

　また、本モデルのもう一つの大きな前提が、このような学生の在籍コストを、連邦・州、大学、本人、親の各主体が分担すべきという考え方をとって

いることである。ガイドラインには、各主体の責任の範囲を以下のように定めている。

[学生の責任] 学生は、在学中のパートタイム労働やローンを通じて、コストの一定割合を負担することが期待される。これらによる負担額は、学位取得に向けた進学や卒業後のローン返済の観点から学生にとって運用可能である必要があり、その額はインフレや市場の変化、学生賃金や卒業後の期待年収の要素を考慮して定める。

[親の責任] 学生の親は、子がそれを必要とする場合に、在籍コストを財政的に支援することが期待される。ただし、特に低い所得の家庭について負担は求めない。

[連邦と州の責任] 連邦政府は主にペル・グラント、州政府は主にカル・グラントのプログラムの実施を通じて、コストの一部を負担する責任を負う。

[大学の責任] 大学は、他の主体による負担額を踏まえ、独自の経済支援により不足分を埋める。

3　具体的な算定方法

　各主体の具体的な負担額について詳述する。まず、学生の負担額は、すべての学生に対して一律に決まっており、パートタイム労働やローンによりこれを賄うことが想定されている。学生が在学中に行うべき労働の水準としては、学期中は週6時間から20時間、夏休み中は4日に3日の割合でフルタイムで働くことを想定する。また、ローンの水準については、卒業生の年収に関する実績データから算出した将来見込める年収をベースにした十分に返済できる割合として、将来の年収の5〜9％を基準として設定している。これらを併せ、学生の負担額は、2017年度において年間10,000ドルと設定されている。

　親の負担額は、ペル・グラントやカル・グラントと同一の算定式により決められ、親の年収や資産、家族の人数、家庭内の学生の人数、非裁量的な支出等が考慮されている。

　連邦や州の負担額は、それぞれペル・グラントとカル・グラントによる支給額であり、前述のとおり、それぞれ連邦と州が決定する最高受給額と家庭負担額の差額分が支給額とされる。

　これらの学生、親、連邦と州による負担額の総額と学生の在籍コストの差が、カリフォルニア大学が負担するべき額となる。すなわち、「大学の負担額＝学生の在籍コスト－(学生の負担額＋親の負担額＋連邦や州の負担額)」というシンプルな数式である。

　この数式をわかりやすく図示したものが**図6-1**である。縦軸が年間の負担額、横軸が家庭の年収を表しており、縦軸において示された最上位の線が学生の在籍コストである（34,700ドル）。また、10,000ドルの位置に示された横軸と平行の線が、すべての学生に対して一律に定められる学生の負担額である。その残りの部分から、連邦からのペル・グラントと州からのカル・グラントによる支給額を除いた部分が、大学が支給する経済支援額である。

　なお、中所得層に対しては、州が負担額軽減のための奨学金（Middle Class Scholarship Program）を実施しており、これが家庭の負担分を一部軽減している。

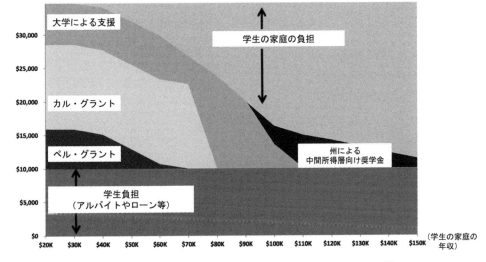

図6-1　カリフォルニア大学の教育財政モデル（2017年度）[10]

奨学金（Scholarship）は所得に応じて支給される経済支援（Grant）とは異なり、能力に応じて支給される。高い授業料と低所得者への経済支援という二本立てのモデルは、しばしば中所得層の家庭に大きな負担をもたらすことが多いが、この奨学金プログラムの存在がこれを緩和している。

なお、ガイドラインにおいては、このモデルの運用に当たり、画一的ではない柔軟な対応や運用プロセスの在り方なども重視するべきことを明示している。例えば、原則としては基本の算定ルールによりつつも、学生や家庭の負担額の決定等にあたり、学生に対して自身の個別の状況について説明する機会を提供し、個々の事情に応じた柔軟な運用を行うこととしている。また、学生や家庭に対し、連邦や州からの支援も含めた経済支援の全体像について、大学ができる限りわかりやすく情報提供することとする。連邦、州、大学と経済支援の実施主体が異なるなか、学生がそれぞれの給付主体に接触して別々に説明を受けるのではなく、一番学生に近い大学が、全体の支援策を統合的に説明するべきとの趣旨である。

4 「教育財政モデル」の特長

以上のような「教育財政モデル」は、州民に対する教育機会の確保、大学の財政的負担の最小化、アカウンタビリティの3つを同時に実現する点で優れている。

まず、教育機会の確保については、すべての所得層の州民に入学の機会を与えるという目的を実現するための合理的な概念的規範となっている。学生や家庭の負担可能額は各家庭の状況等に応じて自律的に算定されるため、授業料の値上げ等があっても低所得層の負担額は変動しない。また、経済支援の算定の基礎となる学生の在籍コストは、授業料等の大学への学生納付金のみならず、住居費や生活費等も含めた多様な費用を積み上げて算定されるため、低所得層は、授業料が免除になるのみならず、これらへの支援も受け取ることができる。

また、大学の財政的負担の最小化については、学生の家庭の負担可能額を個々に設定することにより、それぞれの学生にとって最低限必要な額のみ経済支援を行う仕組みとなっている。すなわち、学生への経済支援に係る大学

のコストを、目的を達成しつつ最小化している。

　最後に、アカウンタビリティの実践については、どの立場の者も基本的な考え方や支援の仕組みを理解することができるモデルの明瞭さに特長がある。大学が在籍コストの負担に関する各主体の責任をどのように考えるか、また、大学としてはどの範囲の経済支援を行い、これにより州民の入学機会を確保しているかについて、ひとつの図に全てを集約できるような形で表現されており、大学関係者のみならず全州民の共通理解を促している。また、理論的規範があることにより、理事会等における授業料や経済支援に係る政策の議論の際にも、争点を明確化し、イメージ論ではない実践的な議論を行うことができる。

5　学生負担の実際

　「教育財政モデル」は、在籍による機会費用の問題を除き、理論上はどの所得層も一定以上の負担を負うことがないようにし、入学機会を確保する。一方、本モデルにおける学生や家庭の負担額の水準の厳しさには留意する必要がある。学生と家庭の負担額がそれぞれ別に設定されているため、その合計額は高くなり、特に低所得層の学生は、大学の設定する自己負担額である年間 100 万円以上を家庭に頼らず実際に自ら捻出しなければならない。勉学と労働との両立は厳しく、学問に集中できる環境とは言いがたい。学生ローンに頼ることももちろん可能であるが、学部における 4 年間はもちろん、修士課程や博士課程に進学する者も多いため、すべての在学期間の負担額を合計すると相当な額となる。

　学生本人に期待する負担額の厳しさは、学生の食料事情に関する調査[11]の結果にもその一端が表れている。同調査はカリフォルニア大学の学部生約 6,500 人を対象としているが、回答者の学部生のうち約半分が、過去 1 年間で食費がなく食事の質を落とすか食事をぬいた経験をしたことがあると回答している。報道では、食事の大半を安価なカップラーメンに頼る学生の記事も紹介され、カリフォルニア大学理事会のパブリックコメントでは、空腹で勉強に集中できないとの学生の主張がしばしば聞かれる。卒業生への聞き取りでも、裕福でない家庭の学生はパートタイム労働で勉強どころではないと

の話も聞かれた。また、理事会において授業料値上げの議論がなされるとき
には、州内各地から集まった学生による激しい抗議活動が行われる。「教育
財政モデル」を踏まえれば、授業料値上げによる低所得層の影響は少ないは
ずであるが、中間層における負担増や日頃の学費の高負担への不満の爆発か
らこのような行動に結びついていると考えられる。

　一方、冒頭に紹介したように、カリフォルニア大学においては、他の同等
の研究大学と比して多くの低所得層が受け入れられていることから、一部の
学生の生活は楽ではないものの、全体としては、経済支援の仕組みが一定機
能していると評価される。

6　累進的授業料制度の機能

　カリフォルニア大学においては、授業料収入の 3 分の 1 近くを低所得層
の経済支援に充てているが、バークレー校の教授のジョン・ダグラス（John
Aubrey Douglass）氏はこれを「累進的授業料制度」（progressive tuition model）と呼
ぶ[12]。すなわち、高い授業料と手厚い経済支援の仕組みにより、家庭の所
得等によって学生が支払うべき納付金の額が大きく異なり、高所得層ほど授
業料等を多く拠出し、その一部が低所得層の経済支援に回されるという意味
で、学生間で所得の再配分がなされている。そして、州からの財政支援の減
少に伴って授業料が値上げされ、その分経済支援が手厚くなることは、その
累進性がさらに高まることを意味する。

　社会全体の累進課税制度がうまく機能していないアメリカ社会においては、
現在カリフォルニア大学が採用するような生活費等も考慮に入れた学生の全
在籍コストに係る累進的な学費の仕組みは、社会的流動性の促進という観点
から重要な意味を持つように思われる。州立大学の運営費が州からの補助金、
すなわち州民の税金から多く補填されている状況は、州の高所得者から低所
得者までが大学運営に係る費用を税金を通じてほぼ一律に負担していること
になるため、低所得者は、自らが大学に行けなくても大学に進学する者のた
めの授業料を負担することになる。一方、大学を卒業した者はそうでない者
と比較して生涯年収が飛躍的に高まる傾向にあるため、大学に行けない低所
得者と高所得者の格差はさらに開いていくという「逆進性」が生じることに

なる[13]。その意味で、累進的な授業料によって、大学に所属する者たちの間で低所得層への経済支援も含めて大学の運営費の一部を負担することは、同じ教育サービスを受ける学生やその家庭間で所得の再分配を行う構図となり、大学で教育サービスを受けない者の大学に係る負担を減らすこととも相まって社会的流動性を促進する。

　また、カリフォルニア大学の経済支援は、授業料のみならず学生の全在籍コストを範疇に入れているという点も重要である。政治的によく主張されるような授業料無償化は、一見誰もが大学に入れるようなイメージがあるが、そもそも本当の低所得者は、学費だけが無償になっても大学に通うことができない。住居費、食費、交通費、備品等の購入費などの多様な在籍コストがかかる上、労働の機会費用が存在するため、これらも含めた低所得層への経済支援が実施されなければ、真に支援を必要とする層を救うことはできない。高所得層までの授業料を無償にするための財源を低所得層の授業料以外の在籍コストに係る追加的な支援に充てるほうが、実質的な教育の機会均等の確保に資する。

　以上の点を踏まえれば、授業料を引き上げつつ、低所得者には生活費や住居費等の全体の在籍コストも含めた支援を行うカリフォルニア大学の経済支援の仕組みは、社会全体において累進課税制が緩い前提のもとでは、高等教育の機会均等の確保や社会的流動性の推進の観点から、同大学が州立大学として長く貫いてきた授業料無償制度よりも合理的な形に変化していると捉えることができる。

注
1　すべてのキャンパスで共通に徴収する授業料及び手数料 12,570 ドルに加え、キャンパスごとに追加的に徴収する手数料の全キャンパス分の平均額を含む。
2　本章では「経済支援」と記した場合には給付型の支援を指し、貸与型は「学生ローン」または「ローン」と表現する。
3　"New data show UC continues to lead in serving low-income undergraduates"(the University of California, Office of the President、2019年3月) (https://www.ucop.edu/institutional-research-academic-planning/_files/pell-graduation-rates.pdf)
4　厳密には、このほかに、過去の裁判で負った賠償金の支払いに充てるための一定金額が各学生に年間 60 ドル課される。

5　大学の「本務的な活動」とは、教育、研究、社会貢献という大学の使命に直接寄与する活動である。

6　世界の優秀な大学院生を集めるため、専門職課程以外の優秀な大学院生は免除されることがある。

7　カリフォルニア大学総長本部のホームページを参照。
https://admission.universityofcalifornia.edu/tuition-financial-aid/tuition-cost-of-attendance/

8　例えば、以下を参照。
"Budget for Current Operations 2019-20" (the University of California, Office of the President)

9　"EDUCATION FINANCING MODEL Implementing Guidelines for the University of California's Undergraduate Financial Aid Policy" (the University of California, Office of the President、1998 年 3 月)

10　"Total Cost of Attendance Working Group Final Report" (the University of California, Office of the President, 2017 年 11 月)

11　"Student Food Access and Security Study 2016"(the University of California, Office of the President、2016 年 7 月) (http://regents.universityofcalifornia.edu/regmeet/july16/e1attach.pdf)

12　John A. Dougluss and Patric A. Lapid (2018) "Tuition as a Path for Affordability? The Pursuit of a Progressive Tuition Model at the University of California", *California Jarnal of Politics and Policy*, 10(1)

13　広田照幸ほか (2013)『大学とコスト―誰がどう支えるのか』岩波書店

第7章

資産運用

　財源の一部に州からの公的資金が充当される州立大学は、財政の安定性確保の観点から、資産運用に係る法的制限があるのが一般的である。カリフォルニア州の3層の州立大学システムのうち、カリフォルニア州立大学とカリフォルニア・コミュニティ・カレッジについては、州法により、資産運用を安全資産とそれに近い金融商品に限定するよう法律で規制されている。

　一方、州憲法によりほぼ完全な自律権を持つカリフォルニア大学はこうした法的制限がなく、投資方針や具体的な戦略について理事会が自律的に決定する権限を持つ。これに基づき、理事会は、直属で最高投資責任者を置き、総額 1,304 億ドル（約 14 兆円、2020 年 6 月末時点）にものぼる大規模な資産運用を任せるとともに、理事会等の場で定期的に報告を受けてこれを監視している。この最高投資責任者は、世界中の人材から選ばれた卓越した手腕を持つ世界トップレベルの投資家であり、2014 年度時点からの 6 年間で資産を47 ％ 増加させている。

　本章では、カリフォルニア大学が、公的機関としての立場を踏まえ、財政の安定性の確保に配慮しながらどのように資産運用を行っているのかという観点から、資産運用のガバナンスと実態について紹介する。

第1節　資産運用に関するガバナンス

　カリフォルニア大学理事会は、これに附属する委員会の一つとして、財政や資産に係る一般的な事項の監督を行う財務・資本戦略委員会（Finance and Capital Strategy Committee）を設けており、その下部組織として、資産配分やリ

スク配分などの投資方針を決定し、その運用を直接監督する責任を担う投資小委員会（Investment Subcommittee）を持つ。投資小委員会の構成員は 8 名の理事であり、うち 1 名は財務・資本戦略委員会の議長である。これに加え、アドバイザーとして同窓会会長、教員代表者、学長 2 名が参加する。

　投資小委員会の定める投資方針に従い、実際に資産運用を行う責任を負うのが、理事会と総長の双方に属する「最高投資責任者（Chief Investment Officer of the Regents）兼投資担当副総長（Vice-President of Investment）」（以下「CIO」という。）である。その具体的な責任は、投資効率を向上させるための投資プロセスや投資管理手法の開発、リスクマネジメント、部下となる投資家の雇用・解雇・配置・監視と評価、理事会や総長への報告と助言、投資サービスの監督などである。また、投資方針案の策定についても、外部有識者の意見も聞きながら草案をとりまとめ、最終的に投資小委員会において承認を受ける。

　CIO になる者は、その選出のための委員会において、世界中の卓越した投資家の中から候補者が選出され、最終的には理事会から任命される。国籍を問わず、また、運用益を活用して破格の待遇で採用するため、世界でも有数のトップレベルの人材を雇用できるのが強みである。2014 年からの CIO であるジャグディープ・バチャール（Jagdeep Singh Bachher）氏は、世界有数の大規模な公的機関における資産運用などの豊富な経験と実績を持つ、カナダ人投資家である。

　CIO は投資家等の 50 名ほどの部下を抱え、そのオフィス（Office of the Chief Investment Officer of the Regent）（以下「OCIO」という）を形成する。

　組織の概要は**図 7-1** のとおりであるが、随時組織改編されている。大きな部署としては、投資管理部と投資サービス部がある。投資管理部には、債券、株式、絶対リターン、未公開株、実物資産、不動産等の金融商品のカテゴリーごとに投資家がおり、それぞれが実際の運用を行っている。全体の資産運用の 30 ％ にあたる債券への投資はすべて内部の投資家が行うが、それ以外の投資については 100 人以上の外部投資家とも連携している。また、投資サービス部には、各キャンパスへの支出を手配する現金・流動資産管理担当やデータ管理・分析担当、顧客対応などに係る担当などが存在する。

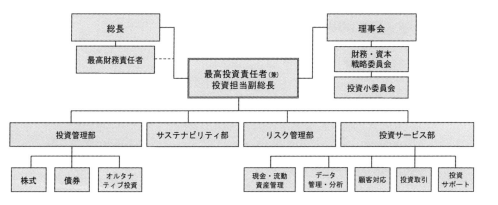

図 7-1　OCIO の組織図（2015 年 4 月時点）

表 7-1　役職ごとの成果報酬割合（2017 年時点）

役職	閾値	目標値	最高値
最高投資責任者	50%	100%	165%
専務取締役、副最高責任者	30%	60%	120%
常務取締役、取締役、シニアポートフォリオマネージャー	22.5%	45%	90%
投資担当	17.5%	35%	70%
アナリスト、ジュニアポートフォリオマネージャー	10%	20%	40%
その他	10%	20%	25%

※成果に応じて、基本給に、基本給をベースとする各割合相当額が加算される。

　CIO と各職員の給与は基本給と成果報酬で構成される。成果報酬については、投資家のインセンティブを引き出すことを目的として定めた「Annual Incentive Plan」が適用され、資産運用の成果やその成果への個人の寄与度に応じて、役職ごとに成果報酬の額が決められる（**表7-1**）。なお、この成果報酬の財源には州の補助金は充てられず、資産運用益から充当する。

　CIO の基本給は高額であるため、理事会の承認を必要とする。バチャール氏の基本給は年間 615,000 ドルである（2017 年時点）。これに加えて成果報酬が基本給の 50 ～ 165 % の範囲で支払われるため、年収は 922,500 ドルから 1629,7500 ドル（約 1 億円から 1 億 8,000 万円）の範囲である。

第 2 節　資産運用の状況

1　主要な5つの基金とその現状

　OCIO が運用する資産について、2020 年 6 月末時点での情報を紹介する [1]。基金の総額の規模は 1,304 億ドルであり、主な基金には、年金基金（retirement plan）、退職貯蓄基金（retirement savings program）、短期投資基金（short term investment pool）、トータルリターン投資基金（total return investment pool）、寄付金基金（general endowment pool）の 5 つがある。このうち、冒頭 2 つの年金関係の基金のみで全体の 9 割を占める。その他、キャンパス向けに資金を補填する Blue & Gold 基金、保険プログラムに係る基金（fiat lux insurance）がある。以下に、主要な 5 つの基金について説明する [2]。

　なお、各基金の 2020 年度の収益率（net return）は、コロナ危機の影響等により軒並み低くなっているため、2019 年度の収益率も併記する。

（1）年金基金と退職貯蓄基金

　年金基金は、教職員を対象とする年金計画（UC Retirement Plan）に紐付く基金であり、その規模は 702 億ドルである。収益率は、2019 年度は 6.0 %、2020 年度は 1.7 % であった。年金基金は 1904 年に創設され、1961 年に現在にも続く基本的な形が出来上がった。これに加え、各教職員が任意のプログラムを選択して参加する確定拠出型の退職貯蓄プログラムがあり、これによる基金の総額は 271 億ドルである。これには 30 万人以上の教職員が登録している。

　年金基金の資産配分については、57 % が株式、20 % が債券、22 % がその他への投資、1 % が現金保有である。ここ 10 年以上の傾向としては、株式や債券の割合が徐々に減り、それ以外の商品への投資が増えている。なお、退職貯蓄基金については、3 つのプログラムごとに資産配分が異なる。

（2）運転資金（ワーキング・キャピタル）

　運転資金は、各キャンパスの施設整備や学生プログラムのための資金、日常的な運転資金などに係る基金である。OCIO がこれらの資金を統一的に管

理し、各キャンパスは必要な時にそこから出し入れを行う。この基金には、短期の金融商品に投資をする短期投資基金と、中長期の金融商品に投資するトータルリターン投資基金の 2 つがあり、規模はそれぞれ 105 億ドル、74 億ドルである。

　短期投資基金の方が歴史が古く、1976 年に創設された。各キャンパスが得た収入はこの基金に入れられ、各キャンパスにおいて支出の必要が生じると、OCIO の担当チームがこれを処理して各キャンパスに対して支払いを行う。各キャンパスにおいては、同基金からの支出を受け留める学部や学科レベルの小さな基金が無数にある。なお、短期投資基金は日常的な運転資金であるためすべて債券に投資される。収益率は、2019 年度は 2.3 ％、2020 年度は 1.9 ％であった。

　一方、トータルリターン投資基金は 2008 年に設けられた比較的新しい基金である。同じ運転資金としての位置付けでありながら、高い流動性と安定性が求められる短期投資基金に対して、より長期的な視点からの資産配分を行うことを目的に作られた基金であり、資産配分に関してはローリスクの短期投資基金とハイリスクの寄付金基金の中間的な性質を持つ。資産配分は、2019 年度において 36 ％が株式、48 ％が債券、12 ％がその他への投資、4 ％が現金保有となっており、収益率は 2019 年度は 6.3 ％、2020 年度は 1.7 ％であった。創設当初は 25 ％の株式と 75 ％の債券という配分であったが、債券への投資割合を減らし、その分株式やその他への投資を重点的に行うというよりアグレッシブな運用になっている。

　なお、近年では、より大きな運用益を得るために、短期投資基金からトータルリターン基金への資金の移し替えが多く行われ、2013 年から 2018 年までの 5 年間で 20 億ドル以上が移管された。

（3）寄付金基金

　寄付金基金は 3 つの基金のなかで最も歴史が古く、1933 年に、学生数が 3,000 人弱であるなか 1 億ドルの規模で開始された。現在は、27 万人以上の学生数に対し、総額 140 億ドルとなっている。各キャンパスが独自に持つ寄付金基金と合計すると 200 億ドルにも達し、アメリカの大学のトップ 10

に入る規模である。収益率は、2019 年度は 8.2 ％、2020 年度は 5.0 ％であった。

　資産配分については、43 ％が株式、4 ％が債券、51 ％がその他の投資、2 ％が現金保有である。20 年前は 63 ％が株式、33 ％が債券、4 ％がその他の投資、1 ％が現金投資であったが、この時代の株式と債券を中心とする組み合わせによる伝統的なモデルから、未公開株や絶対リターン、実物資産などへの投資も含めた多様性ある近代的なモデルに移行した。

　OCIO が管理するシステムレベルの寄付金基金（General Endowment Fund）のほかに、各キャンパスが独自に持つ寄付金基金がある。各キャンパスは、自らが得た寄付金について、これを自ら運用するか OCIO がシステムレベルで管轄する寄付金基金に入れて運用を任せるかを選択することができる。その方針はキャンパスにより異なり、例えば、バークレー校やロサンゼルス校、サンフランシスコ校においては、自ら投資方針を策定し、投資会社を作って全額そこに運用を任せている。リバーサイド校は外部有識者の助言を得ながら自ら運用を行っている。サンディエゴ校、アーバイン校、デイビス校はそれぞれ 2 割から 6 割程度の一定割合をシステムレベルの基金に入れ、残りを自分で運用している。サンタバーバラ校、サンタクルズ校、マーセド校では、ほぼ全額をシステムレベルの基金に入れて運用を委託している。各キャンパスで独自に運用している寄付金は、総額 80 億ドル程度である。

　システムレベルの寄付金基金は、各キャンパスにおいてシステムに委託することが決められた 5,700 程度の基金の集まりであり、各基金の規模は 25,000 ドルのものから 5 億ドルにのぼるものまである。多くの基金は、使途（教育プログラムやイニシアティブ等）が決められており、自由に利用することができない。なお、日常的な運転資金は短期投資基金やトータルリターン投資基金から引き出されるため、寄付金基金については、通常の運転資金の財源に求められるような高い流動性の確保にとらわれずに、リスクに対してより柔軟で長期的な視野に立った運用を行うことができる。

2　近年の傾向

　カリフォルニア大学における基金の運用については、規模の増大、金融商

表 7-2　**各基金の規模の推移**（単位は 10 億ドル）

	2018 年度	2017 年度 （1 年前）	2013 年度 （5 年前）	2008 年度 （10 年前）	1998 年度 （20 年前）
年金基金	66.8	61.6	45.1	42.0	34.5
退職貯蓄基金	24.3	22.3	13.9	10.3	5.0
短期投資基金	5.1	5.3	9.2	7.3	4.6
トータルリターン投資基金	9.3	8.9	4.6	—	—
寄付金基金	12.3	10.8	7.2	7.2	4.5
（合計）	118.7	109.8	80.0	66.8	48.6

品の多様化、リターン重視、サステナブルの方向へ動いていると言える。

　まず、各基金の規模の推移については**表 7-2** のとおりである。大学の規模の増大にも伴い、すべての基金について増加していく傾向にある。

　また、金融商品については、10 年ほど前から株式の割合を減少させ、その分をオルタナティブ資産への投資（株式や債券等の伝統的な金融商品以外への投資）に替えている。さらに、運転資金についても一部を切り分けてトータルリターン投資基金に入れ、より長期的視野に立った運用を行うようになったことに代表されるように、州からの財政支援が不安定であるなか、よりリターンを重視する傾向にある。各基金の資産配分においても債券などの安定的な商品への投資が減少傾向にある。

　また、近年では、環境（Environment）、社会（Society）、ガバナンス（Governance）の観点から経営を分析して投資を行う ESG 投資の考え方も積極的に取り入れている。カリフォルニア州は全米の中で最も気候変動に関心が高い州であるが、カリフォルニア大学も 2017 年には気候に関する財務情報等の開示に係る国際的枠組みである TCFD（Task Force on Climate-Related Financial Disclosure）に署名しており、未公開株やオルタナティブ資産等への投資の評価において気候変動リスクの要素を取り入れるなど、気候変動問題に配慮した経営を行う企業等への投資を積極的に行っている。2015 年には、クリーンエネルギーや再生可能エネルギーについて 10 億ドルの投資を行う目標を設定し、実現に近づいている。

3　公的機関における資産運用

　カリフォルニア大学の資産運用の何よりの強みは、14兆円という規模の大きさである。

　資産運用者の給与は、学生からの授業料や手数料、州からの公費は充当せず、運用益のみを財源としているが、運用規模が大きいことにより、最高責任者をはじめとして、世界の市場から高い技術を持った者を高待遇で雇用できる。これが、野心的でありながら公的機関としてリスクがきめ細かく管理された戦略的な投資を実現する。

　また、短期的または部分的なマイナスを覚悟してでも、中長期的に大きなリターンを生み出す規模的な余裕がある。リーマンショックの時にも、一時的に基金全体の規模は縮小したものの、全体の大学運営に影響させることなく、翌年度以降にその損失を上回る運用益を獲得した。

　現職CIOのバチャール氏は、自らの役割を「アセット・マネージャー」（asset manager、資産管理者）よりも「リスク・マネージャー」（risk manager、リスク管理者）であると表現する。カリフォルニア大学は州からの補助金割合の激減を受けて、かつてよりも大きな運用益を野心的に生み出していかなければならないなか、大学における教育研究活動の安定性を確保するため、リスクをどのようにコントロールするかがCIOの最大の責任である。そして、これまで長年公的機関の基金の運用に携わってきた経験を持つ同氏は、その腕に自信を持つ。

　同氏がさらに公的機関の資産運用としてカリフォルニア大学に貢献しているのは、資産運用という一般の人には理解が難しい分野について、その基本方針や運用実績などを関係者や社会にわかりやすく伝えようとすることである。OCIOが発行する資産運用に関する小冊子には「Keep it Simple」という理念が語られる。「物事をシンプルにすることは複雑だが、重要だ」との記述のとおり、自らのチームが資産運用について何を重視し、どのような姿勢で取り組んでいるのかを10の信条として短くまとめ、誰にでもわかる言葉でそれを説いている。さらに、投資の構造や運用実績を簡単なグラフを用いながら絵本のように紹介するとともに、資産運用が大学や社会にどのように役立っているかを明確に表現する。CIOは年に数回、理事会の場にも呼ば

れて資産運用の状況について理事に説明をするが、その場での説明も、理事会が社会に対して公開されていることを意識したわかりやすいものである。公的機関の資産運用としては、運用実績だけでなく、運用の状況やプロセスを社会と共有することも重要である。

注

1　OCIO が作成した図（2015 年 4 月時点、カリフォルニア大学総長本部ホームページより）をもとに委員会名など一部改編。

2　例えば、以下を参照。"UC Investments 2019-20" (the University of California, Office of the President)

第3部　教育の質保証

第8章
アクレディテーション・システムと内部質保証

　アメリカの「アクレディテーション・システム」(accreditation system) という
と、日本の認証評価制度と同様のものと捉えられることも多い。アメリカ
のアクレディテーションの仕組みは、大学等[1]により構成される非政府団体
が、その構成員である公私立大学に対して教育研究の質の維持等について定
期的に評価を行うものであるのに対し、日本の認証評価制度は、国公私立す
べての大学が7年以内に1回（専門職大学院は5年以内に1回）、文部科学大臣
の認証を受けた機関による第三者評価を受けることを義務付けるものである。
同制度創設時の議論においては、アメリカのアクレディテーション・システ
ムも参照されていた。

　これら2つの制度は、大学の教育研究の質の維持・向上を目的として、非
政府団体が大学の定期的な評価を行うという点で共通点がある。しかし、ア
メリカのアクレディテーション・システムは、日本の認証評価制度とは異な
り、「何が大学か」に係る社会の共通認識を形成し、個々の機関が大学と認
められるかを判定する機能を持つ点に大きな特徴がある。日本では大学設
置にあたって大学設置基準という法令に基づく事前規制があり、「何が大学
か」は国等の政府機関が決定している。一方、アメリカにおいては、公的教
育に責任を持つ州政府が教育の質保証の役割を十分に果たしていないなかで、
大学自身が同業者同士のつながりを通じて自主的にその仕組みを育て、相互
承認により、質の高い大学と認められるかの社会的な認定を与えている。こ
れが連邦政府の公的枠組みと結びつき、各大学がアクレディテーションを受
けることは、当該大学が与える学位の社会的信用性の獲得、学費の対価とし
て学生が受け取る教育サービスの質の証明、連邦から学生に対する経済支援

の受給などのために不可欠となり、これが取り消されることは、多くの大学にとって生命線を断たれることを意味するようになった。

本章では、このようなアメリカのアクレディテーション・システムが育った過程を歴史的・文化的背景を踏まえて紹介し、この仕組みが社会において果たす役割に触れる。また、アクレディテーション団体の一つである西部大学協会におけるアクレディテーション・プロセスの例や、カリフォルニア大学バークレー校における内部質保証の仕組みについても併せて取り上げる。

第1節　アクレディテーション・システムの概要

1　基本的な仕組み

アメリカの多くの大学は、一般の大学であればその立地する地域を管轄するアクレディテーション団体に、宗教教育や職業教育等の特定分野の専門的な教育を行う大学であればその専門分野ごとの全国的なアクレディテーション団体に所属している。前者を「地域アクレディテーション団体」(Regional Accreditator) といい、全米を6つの地域を分けて7つ[2]の団体が管轄している。後者は、その専門分野に関する全国的な団体という意味で「全国アクレディテーション団体」(National Accreditator) と称される。これらのアクレディテーション団体は所属する大学による同業者組合のような組織であり、新たに構成員となることを希望した大学に対してこれを認めるかどうか、また既存の構成員に対して引き続き構成員として認めるかどうかについて、経営状態や教育研究の質に関する一定の基準をもとに審査をし、認定をする。この認定プロセスが「アクレディテーション」(accreditation) と呼ばれるものであり、既存の構成員に対する再認定のプロセスは特に「リ・アクレディテーション」(re-accreditation) と呼ばれる。アクレディテーションの審査に用いる基準は、当該アクレディテーション団体の構成員による合議により決められる。

なお、地域アクレディテーションと全国アクレディテーションは機関単位で行われるものであるが、このほかに、学科単位やスクール（ビジネススクール、ロースクールなど）単位で認定を与える「分野別アクレディテーション団体」(Disciplinary and Professional Accreditator) も存在する。この分野別アクレディテー

ションは、すでに機関別のアクレディテーション（地域アクレディテーションまたは全国アクレディテーション）を受けた機関における学科やスクールに対して行われる。

　このように、アクレディテーション・システムとは、大学が地域別または専門分野別に集まった組織が主体となり、その構成員や構成員候補者に対して、自ら定めた一定の基準を満たすかどうかを審査、認定する仕組みである。その目的は大きく 2 点あり、一つは、審査対象となった大学が経営基盤や教育研究の質について一定の基準を満たしているかを社会に示し、大学の質を“見える化”することである。もう一つは、大学がアクレディテーション基準を満たそうと質の向上に向けて努力することを通じて、大学全体の教育研究の質を向上させることである。

　全米のアクレディテーション団体による最も権威ある集まりである高等教育アクレディテーション協会（CHEA: Council for Higher Education Accreditation）によれば[3]、アクレディテーションとは「公的なアカウンタビリティと教育研究の質の向上のために、自己評価とピア評価に基づいて行われる合議プロセス」であるとされ、これらの 2 つの目的が明確に示されている。

2　連邦教育省による体系化と公式化

　アクレディテーション・システムは、このように大学を主体とする非政府的、自主的なものと言えるが、連邦教育省がこの仕組みを学生への経済支援等に係る枠組みに取り入れることで、公的権力性を与えている。

　具体的には、連邦教育省は、一定の基準を満たすアクレディテーション団体に対して「認証」（recognition）を与えている。各アクレディテーション団体は、その認証への申請にあたり、連邦教育省の定める認証基準に沿った自己評価書をエビデンスとともに提出する。これを踏まえ、連邦教育省が書類審査と訪問調査を行った上で、認証に関する諮問機関である高等教育諮問委員会（NACIQI: National Advisory Committee on Institutional Quality and Integrity）において審査し、最終的には連邦教育省長官により承認される。

　そして、連邦教育省は、このようなプロセスを経て認証を得たアクレディテーション団体が認定する大学に対してのみ、連邦が実施する学生に対する

経済支援等のプログラムを適用することとしている。つまり、連邦政府はどの大学を経済支援プログラムの対象とするかの判断を、自らが認証したアクレディテーション団体に任せる。このことを指して、アクレディテーション団体は連邦政府による大学への財政支援の「門番」(gate-keeper) と表現される。

　また、多くの企業や大学は、連邦政府から認証を受けたアクレディテーション団体により認定された大学の学位や修了証明のみを、就職や進学、編入を認めるための正式なものと認めている。これにより、大学の学位等の社会的信用性も、連邦政府からの認証行為と事実上関わっている。

　連邦政府は、アクレディテーション団体への認証の基準を操作することを通じて、自らの方針を大学運営に反映させることができる。その一つの例として、各大学の教育の質の評価手法に係るものがある。アクレディテーション団体が各大学の教育研究の質を測るものとして自発的に定めるアクレディテーション基準は、伝統的には、大学の使命の設定、予算、教員の資質、図書館の蔵書数といったインプット指標を中心としていた。しかし、連邦教育省において大学の教育の質を測るために学生の学習到達度に係るアウトプット指標を積極的に導入するべきとの声が高まり、1989年に認証方針に学生の学習成果に係る文言が盛り込まれると、各アクレディテーション団体はその手法の開発に積極的に取り組むようになった。団体の中には、連邦政府が認証の基準に取り入れる前からその導入に積極的に取り組もうとしてきたところもあるが、連邦政府の関与がその傾向をさらに強めたと言える。

　アクレディテーション団体に対する連邦教育省の影響力が強いことは、アクレディテーション団体の関係者も認めるところである。例えば、2016年には、連邦政府の高等教育諮問委員会がアクレディテーション団体の ACICS (Accrediting Council for Independent Colleges and Schools) の認証取り消しを勧告し、連邦教育省が実際に認証を取り消した。このことは多くの大学関係者に衝撃を与えるとともに、同アクレディテーション団体から認定を受けていた大学等の機関の90万人近くの学生に現実に影響が及んだ。これらの機関は別のアクレディテーション団体に新たに審査を求めたが、もし審査が通らなければ、学生は経済支援や学位の信用性等の面で大きな損害を被ることになる。このような状況を目の当たりにすれば、どのアクレディテーション団体も連

邦政府の認証に係る動向を注視せざるを得ない。

　このように、アクレディテーション・システムへの連邦教育省の関与は同システムの性質や役割、大学関係者の意識に変化をもたらした。

3　自発的な認証団体「CHEA」

　なお、アクレディテーション団体の質を担保するための認証は、連邦教育省のほか、前述のアクレディテーション団体を構成員とする非政府の高等教育アクレディテーション協会（CHEA）においても行われている。同協会は約 60 のアクレディテーション団体と約 3,000 の学位授与大学を構成員とする巨大なネットワークである。高等教育の質保証を任務の一つとしているが、その背景には、アクレディテーション・システムを通じた連邦政府の関与の強まりを危惧し、大学自身による自発的な取組を促進しようとしたことがある。同団体による認証は、学位に対する社会的信用性の付与等の観点で一定の役割を果たしている。

第 2 節　アクレディテーション・システムの歴史的変遷と意義

1　アメリカにおける高等教育の基本的な構造

　アメリカ合衆国憲法上、教育に関する一般的な権限と責任は州にある。これに基づき、各州は、州内の高等教育に関する責任を果たすために、州立大学を設置するとともに、私立の教育機関についても、学校を運営しようとする者に対する法人格や運営許可の付与等を行っている。

　一般に、州政府による私立学校に対する事前規制は緩やかである。明文化された学校開設の許可基準は抽象的であり、実際の評価においても、財政や人員など事業運営を行う最低限の能力があるかは見るが、教育の質の継続的な担保という観点での専門的な審査を行う機能は有していない。「州による運営許可は rubber stamp である」と表現する過去の文献も見られる[4]。「rubber stamp」（ゴム印）とは、実質的な審査を伴わずに安易に許可されるものという意味合いである。

　例えば、カリフォルニア州教育法においては、学校を運営しようとする者

に対し、私立高等教育局（Bureau for Private Postsecondary Education）が一定の基準
のもとで運営許可を行うこととしているが、運営許可の判断材料となる法定
基準は、①各教育プログラムが教育目標の達成のために必要な内容となって
いるか、②教育プログラムと整合性のある学生の入学基準が成文化されてい
るか、③教員組織、施設・設備が教育目標の達成に照らして適正か、④撤退
や返金に関する方針を定めているか、⑤幹部や教職員の質は適正か、⑥経営
基盤が堅固で学生に対する義務を果たせるか、⑦教育プログラムの受講後に
学生に対して学位や卒業の証明書を与えるか、⑧同法の他の規定や他の法令
に遵守しているか、という 8 つである。専門学校、宗教学校、研究大学、オ
ンラインの大学など学校の使命や形態は多様であるなかで、州政府がこれら
の一般的な基準に基づき学校が行う事業の質を判定することは難しい。

　このように、私立学校に対する事前規制が機能せず、州立大学についても
全国に多様な形態や質のものが存在するなか、公私立ともに玉石混交の高等
教育機関が数多く存在し、各機関の質を外から評価する方法がない状態が、
アメリカの高等教育に係る原始状態である。

2　教育の質保証への要請と「アメリカ式」対応

　このような状態に対して、個々の機関の価値を可視化するべきという社会
的要請が生まれてくる[5]。教育サービスを受ける学生やその家庭からは進学
する大学を決めるために、企業からは就職を希望した学生が質の高い教育を
受けたかを知るために、また、国内外の大学からは学生の編入や進学を審査
するために、個々の大学の単位や学位の客観的評価を知る必要があった。大
学への進学率が上昇するなかで、学位や修了証明を社会的通貨とするべく、
その価値を測り、社会全体が信用することのできる共通の信頼性を付与する
ことが必要となった。

　この社会的課題に対してまず立ち上がったのは、政府ではなく大学自身
であった。アメリカにおける社会的課題への対応としては、政府よりも先
に自ら立ち上がるのが伝統である[6]。修正憲法第 10 条の条文には、「この
憲法によって連邦に授権されない、または禁止していない事項については、
州または『人民』に留保される」と規定されているが、アメリカの社会で

は、官（政府）と民（民間）の間に位置するような多くの自主的な非営利組織（voluntary enterprise）が官と民に並ぶ主要なアクターとして社会において重要な役割を果たしてきた。社会に新たな課題が生じると、人々が自発的に組織した結社がこれに取り組むことで、政府の役割を補完し先導した。西部開拓を進めた人々は、遠い自国の政府を頼るのではなく、コミュニティで協力しながら様々な問題を解決し、学校の設立、教会の建築、鉄道の建設、保安や医療その他あらゆる分野において自らの手で一から社会を築き上げてきた。多くの場合、政府は後からこうした既存の取組に関与し、伝統の上に乗ったのに過ぎない。

　大学の教育の質保証に対する要請へのアプローチもこれと同じであった。その初期の例として、1847年に、アメリカ初のアクレディテーション団体と言われるアメリカ医学協会（American Medical Association）が組織され、医学研究の振興を目標に掲げるのとともに、当時社会に質の悪い医学の学位が横行していたことを背景に、教育に関する専門委員会を設けて医学教育の質の向上にも積極的に取り組もうとした。当初は後者の目的に対しなかなか成果を上げることができなかったが、1900年以降は、各州の医師免許への合格率等の指標により各医学校をクラス分けしたリストを発表するなど、医学校の質保証に貢献した。

　また、19世紀末に、人口の急激な増加や社会構造の変化等に伴って高校教育や高等教育への需要が急増し、普通高校、専門学校、短期大学、研究大学等の多様な形態の機関が乱立するようになると、これらの機関についても、学校同士が連携して同業者団体を形成し、質の向上を目指すとともにその質を社会的にアピールする仕組みが生まれた。このような団体は無数に作られ興亡したが、そのうちいくつかは現在のアクレディテーション団体に発展している。現在、地域アクレディテーション団体として活躍するニューイングランド協会、中部協会、北中部協会はこの頃（1880～1890年代）に生まれたものである。一定の基準を満たす大学を構成員として相互に認め合う仕組みのなかで、参加資格の基準を初めて社会に公開したのは北中部協会であり、1912年のことであった。

3　連邦政府が向き合った課題

　他方、全国の無数の高等教育機関を評価する動きは連邦政府においても進んでいた。

　連邦教育省の前身となる組織[7]は、1867年に設立された（1868年より「連邦教育局」）。連邦政府は教育に関する直接的な責任を持たなかったために、この組織も当初は少額の予算により運営される小さな部局であり、設立当初に与えられた任務は、全国の高校や大学の一覧と概要データを作成し公表するという統計的な業務に関わるものであった。しかし、大学を名乗る多様な機関が乱立するなか、どれが連邦政府が認める大学等とするかを判断することは難しく、大学のリスト化という単純な作業は「何が大学か」について全米一律の基準を定めるという困難で重大な課題への根本的な対処を必要とすることが明らかになった。

　同局は苦戦の末に、1870年に初めて全米の369の機関をリストアップし、「大学（university/college）」「科学学校（school of science）」「専門学校（professional school）」に分類したリストを発表し、その後定期的に刊行することになった。

　さらに、このような大学のリスト化は、教育の質により大学の序列化を行うという試みに発展した。学位の信用性の問題に対しアクレディテーションは一定の役割を果たしつつあったが、1910年、連邦教育局のケンドリック・バドコック氏は、大学の自発的な組織であるアメリカ大学協会と協力し、教育の質に応じてランク付けされた大学のリストの作成に取り組むこととした。同氏は全米各所の大学院を調査し、学生が学位を取得した卒業大学ごとに、その学生が大学院において修士課程を卒業するまでにかかった年数に係るデータを集めた。修士課程の卒業までにかかる期間が短いほど、その前段階での大学の教育の質が良かったと判断し、この調査結果をもとに344の機関のランク付けを行い、リストは連邦教育局の名での公表に向けて準備がなされた。

　しかし、印刷過程等のいずれかのタイミングにおいて、このランキングリストがマスコミ側に漏れて高等教育界で大騒ぎとなり、政治的な問題にまで発展した。当時のタフト大統領は同リストの出版を禁止し、その次のウィルソン大統領もその方針を引き継いだ。この時から後に触れる1952年の退役

軍人法の成立まで、連邦教育局は大学のランク付けに関わらない姿勢を貫くこととなる。

　一方、同リストの作成に協力していたアメリカ大学協会は、国内外からの要請を受けて連邦教育局に対してリストを公表するよう働きかけたが、それが叶わなかったために、1914 年に自らの名で同リストの公表に踏み切った。その後 40 年近く、同協会によってこのリストは更新され続け、アメリカの大学の教育の質を示す最も権威あるリストとして扱われた。

　やがて 1948 年にアメリカ大学協会がこのリストの刊行から手をひくと、個々のアクレディテーション団体の動きが活発化した。また、多様な分野にわたる専門分野アクレディテーション団体も数多く登場した。多様な無数の大学の乱立に変わって、今度はアクレディテーション団体が乱立し、その質が問われることとなった。CHEA の前身となるアクレディテーション団体による自発的な組織も形成されたが、無数のアクレディテーション団体を統制することは現実的に難しい状況にあった。

　そのようななか、連邦が再び全国レベルでの大学のリスト作りに関心を持ったのは、第二次世界大戦から戻った軍人たちに対する福祉に関する法律を作ったときであった。1944 年に復員軍人支援法（Servicemen's Readjustment Act）が制定され、これにより復員軍人は、大学に進学するための授業料や生活資金等も含めた連邦からの経済支援を受けることとなった。このとき、どの大学に入学すれば復員軍人が経済支援を受けられるかを決める新たな大学のリスト化への課題に対し、連邦は州政府にその判断を任せるという手段をとった。州が運営許可した大学をすべて対象とすることにしたのである。しかし、先に述べたとおり、州の大学への事前規制はほとんど機能していなかったために、膨大な額の連邦資金のばら撒きが行われた。州政府にとってはより多くの大学を許可しても自らの財政には影響がないため、厳格に規制するインセンティブを持たなかった。実際に、同法が成立してから 5 年間で新たな 6,000 もの営利大学が登場し、連邦資金が手軽に入るビジネスとしてその恩恵に預かったと言われている。後の連邦による調査で、これらの大学の多くが実態のない、あるいは質の極めて低い教育や訓練を実施し、不相応に高い授業料を課し、暴利を貪っていることが明らかになった。

　このことへの反省から連邦政府が次に着目したのは、地域で活躍する自主的なアクレディテーション団体であった。当時はアクレディテーション団体も無数に存在していたため、まずはアクレディテーション団体に「認証」を与えることとし、連邦政府が認証したアクレディテーション団体により認定を受けた大学に在籍する復員軍人に経済支援を行う仕組みとすることとした。この仕組みを初めて導入したのが1952年の退役軍人復帰支援法（Veterans' Readjustment Assistance Act）である[8]。この仕組みは1965年に成立した高等教育支援法（Higher Education Act）やその後の関連法においても取り入れられ、復員軍人だけではなく学生一般に対する経済支援やローン等に係るプログラムに拡大された。これにより、アクレディテーション・システムが連邦資金と連動するような現代の仕組みが生まれ、同システムは国全体の大学システムの中で公的役割を確立することとなった。

4　州の運営許可制度との結びつき

　近年は各州で、州による大学の運営許可とアクレディテーションを結びつける傾向が強まっている。例えば、カリフォルニア州では、州の運営許可よりも先にアクレディテーション団体からの認定を受けた団体は州からの審査をほぼ受けることなく運営許可を受けることができる[9]という運用をとってきたが、これに加え、2014年に行われた州の私立大学法の改正においては、大学等の学位授与機関について州による運営許可とアクレディテーションを完全に結びつけることとした。具体的には、州からの運営許可を受けているがアクレディテーションを受けていない110を超える学位授与機関について、2020年までにすべてがアクレディテーションを受けることを目指し、その取得に向けた計画を州に提出させる方針をとった。

　以上に見るように、アクレディテーション・システムは、連邦政府の認証行為を通じた関わりや州の運営許可の仕組みとの連携を通じ、その公的役割を一層強めてきたと言える。

5　日本の認証評価制度との違い

　日本では、1947 年に、アクレディテーション団体をモデルとした大学による自主的な組織である大学基準協会が設立された。同協会は、大学がその会員となるために大学の教育研究の質を評価する大学基準を独自に制定したが、この基準は、当時の学校教育法に基づく政府による大学の設置認可の審査においても用いられた。しかし、大学基準はもともと協会への入会資格の判定基準であるため、大学認可とは本来的に性質を異にする。1956 年には文部省が新たに「大学設置基準」を制定し、大学設置の審査はこの基準に基づき行われるようになった。一方で、2004 年に認証評価制度が開始され、大学基準協会は政府からの認証を受けた団体の一つとして各大学への評価を行うようになった[10]。

　このような動きを見ると、大学の自主的な互助組織が政府からの認証を受けて大学の評価を行うという認証評価制度は、アメリカのアクレディテーション・システムと同様の構造を持つように見受けられる。

　しかし、両制度の決定的な違いは、アクレディテーション団体による認可と大学基準協会等による評価の意味合いの違いである。日本では、大学設置に係る政府による事前規制の仕組みがあるなかで、認証評価制度に基づく評価は大学設置後の大学の教育研究活動の質の維持と向上を行うために行われ、大学としての設置認可に直接的に関わるものではない。一方、アメリカのアクレディテーション団体による認可は、日本における大学の設置認可と事後的な評価の両方を併せた機能を持つ。アメリカの多くの大学にとって、アクレディテーションの審査に落ちるということは、当該機関の授与する学位が世間から正式なものとして認められなくなり、また学生が連邦からの経済支援を受けられなくなるなど、社会で公式に認められる「大学」ではなくなることを意味する。このため、在籍する学生に甚大な影響が出るとともに、新規の学生の入学も見込めなくなるという大学としての死活問題に発展する。こうした観点から見ると、アメリカのアクレディテーション・システムは、事実上大学としての資格を付与するための基本的な仕組みであると捉えられる。

　また、アクレディテーション・システムは、認証評価制度とは異なり、す

べての機関を巻き込むものではない。各大学は、法令等によってアクレディテーションの審査を受けることを義務づけられているわけではなく、多くの大学は、連邦政府の経済支援プログラムの適用や学位の社会的信頼性の確保という公的なメリットのためにこのシステムに参画するインセンティブを持つ。したがって、これらのメリットを享受する必要がないと判断する機関、例えば、美容師や車両整備、ペットのグルーミングなど学位を授与しない職業教育に係る機関などについては、アクレディテーションのプロセスに参加しないことを選択している機関も多く存在する。また、審査に落ちた者は、アクレディテーションの傘のもとでの教育研究の質の向上のための取組に参画することができない。このような意味でも、アクレディテーションは、アメリカの大学制度において公的役割を果たしながらも、その基本的な仕組みに由来する排他性を持ち、大学システムの中で完全な包括性を有するわけではない。

6　大学評価における自主性

　以上のように、アクレディテーション・システムが、連邦政府の関与により公的枠組みの中に取り込まれ、アメリカの教育の質保証等の観点から公的な役割を果たす面がある一方で、その成り立ちや活動の本質に大学の「自主性」があることは重要である。歴史的に政府等の外部的な力でなく大学自らの意思により活動が始まった点、大学自身がアクレディテーション団体の構成員でありプロセスや意思決定に参加している点、また、アクレディテーション団体が財源[11]や法的義務等の面で政府から独立している点などから、アクレディテーション団体は政府から自律した存在である。アクレディテーション団体で働く幹部や職員も、大学のガバナンスをよく知るプロフェッショナルとしての誇りを持ち、大学自身の立場で教育の質保証を担っているという意識が強い。

　また、アクレディテーションの本質にこうした自主性があることで、高等教育の質保証において“分権的で多様な高等教育組織内部での合議的ガバナンスの伝統”[12]が維持されている。専門性と多様性という特性を持つ大学を正しく評価できる者は当該大学自身と同等の大学だけであるという考え方を

軸に、アクレディテーションの基本プロセスは自己評価とピア評価により成り立っており、評価基準も関係大学が合議によって決定する。

こうした大学評価の在り方自体が問われた事例を紹介する。2007 年以降のブッシュ政権下において、マーガレット・スペリングス（Margaret Spellings）連邦教育省長官のもとで高等教育将来構想委員会（Commission on the Future of Higher Education）が組織され、高等教育改革に関する議論が活発化した。同委員会は、アクレディテーション・システムについて大学同士が身内でかばい合ってばかりいるなどとして「改革を阻む最も厚い壁のひとつ」と非難した上で、学生の学習成果を測るために全米に統一的な標準テストを導入することを提案した。これには高等教育界の大反発があり、論争の末、連邦政府は最終的には標準テストの導入を撤回し、高等教育機関の評価は各機関が自律的に選択すべきであるとの結論に落ち着いた。この出来事は、高等教育界が、政府による押し付けではなく自発的な団体であるアクレディテーション団体による教育の質保証を求め、政府も最終的にはこれを認めざるを得なかった一つの例である。これに関連して、カリフォルニア大学ロサンゼルス校の教育学教授であったジョン・ホーキンス（John N. Hawkins）氏は、「（学生の学習成果について）単一の指標を指向するのではなく、多様な方法やアプローチによることを可能にし、高等教育機関が互いに学び合い、機関の多様性にあわせて学生の学習成果を定義し、米国の高等教育システムの基礎を形成することが求められているというひとつの合意が社会において徐々に形成されるようになってきている」と指摘する[13]。

第3節　アクレディテーション・プロセス

1　西部大学協会の組織

西部大学協会（WSCUC: WASC Senior College and University Committee）を例にとり、実際のアクレディテーション・プロセスを紹介する。同協会は、カリフォルニア州、ハワイ州、太平洋地域等を管轄し、これらの地域の大学をメンバーとする、連邦教育省や CHEA から認証された歴史ある地域アクレディテーション団体である。1962 年から活動を始め、2020 年度時点において 200 近

くの機関をメンバーとする。このうち約2割が州立大学、約6割が非営利
法人による大学、約1割が営利法人による大学である。

　同組織の事務局には、専属で雇われる者として1名の会長（president）と
7～8名の副会長（vice president）、20名ほどの事務スタッフがいる。アクレ
ディテーション・プロセスにおいては特に副会長の役割が重要であり、副会
長一人あたり30～40ほどの担当機関を持ち、それぞれの機関の審査に対
する指揮を執る。このような責務から、副会長は各大学の執行幹部や先鋭
の外部評価チーム等と対等に会話ができ、信頼を受け、時には各大学から
の大学経営に係る相談にも乗ることができる必要がある。このため、副会長
には学長経験者等の高等教育に関し識見の深い人物がなり、全員が博士課
程卒業者である。同協会副会長（当時）のリチャード・オズボーン（Richard
Osborn）氏も、8年間の私立大学の学長経験があるほか、全米最大規模の私
立学校連合の会長や地域の大学の理事等を数多く務めた経験があり、教育界
における幅広い知見と人脈を持つ重鎮であった。

　西部大学協会の運営や活動に係る決定権を持つのは、33名の委員
（commissioner）[14] により構成される運営委員会（Commission）である。各機関
に対するアクレディテーションの認否はもちろん、アクレディテーション基
準や内部規則の変更、構成員となる機関に対する勧告などの重要事項は運営
委員会にかけられ、合議による決定がなされる。各委員は協会構成員の大学
の学長が行う推薦と投票により選出されるが、所属大学の形態、規模、所在
地域、財政等のほか、委員個人としての人種、性別、経験等に係る全体のバ
ランスも考慮される。任期はそれぞれ始期がずれるように設定された3年
である。委員の多くが大学の上級幹部であるが、各大学での本来業務をこな
しながら、アクレディテーションに関する膨大な資料の読み込みや長い審議
などの作業を行う必要があり、大きな負荷がかかる。

2　アクレディテーション・プロセス①―評価チームの選定

　ある機関が新規にアクレディテーションを受けようとする場合、正式な認
定プロセスを始める前からアクレディテーション団体との間で綿密なやり取
りがあり、団体からの助言等も受けながら審査のための条件整備を行う。ま

た、既存の構成員に対して引き続きその資格を認めるかを審査するリ・アク
レディテーションは概ね 7 〜 10 年ごとに行われる。以下に、西部大学協会
におけるその基本的なプロセスを紹介する。

　対象機関に対する審査の時期が近づくと、協会の担当副会長はまず、評価
チームの候補者の選定を始める。評価チームは対象機関の規模にもよるが
通常 4 〜 6 名ほどで構成され、その中にはチーム長（chair）とチーム長補佐
（assistant chair）を含む。

　チーム長は当該評価チームを仕切り、とりまとめる責務を持つことから、
対象機関にとってチーム長がどの大学に所属するかは重大かつ繊細な問題で
ある。どの大学も自らが認める機関からの評価を受けたいと考え、そうでな
ければ大学のピア評価は実質的に機能しない。極端な例で言えば、歴史ある
大規模な研究大学が新興の小規模な営利大学に評価されるとなれば、あるい
はその逆であれば評価内容を素直に受け入れる気にならない。また、日頃か
ら敵対的な関係にある機関からの評価である場合も同様である。そのため、
チーム長は、組織特有の価値や問題を共有していることが想定される、対象
機関と同等以上の大学に所属する者である必要がある。副会長は、審査対象
となる機関に対し、事前に「どの大学出身のチーム長であれば安心して評価
を受けられるか」という質問をし、チーム長の所属大学の候補を 8 〜 10 ほ
ど提出させる。このリストには、候補大学に希望順位を付すことはできず、
また希望できるのは大学単位であり、チーム長個人の希望を出すことはでき
ない。副会長は提出されたリストを参考にチーム長を選定する。

　チーム長をはじめとして、評価チームの構成員は、西部大学協会が管轄す
る地域の大学でなくてもよい。特に、チーム長は前述のとおり対象機関の組
織と同等以上の大学から選ぶ傾向にあるため、例えばカリフォルニア大学の
歴史あるキャンパスやスタンフォード大学などの世界的に卓越した大学は、
これを評価できるような同等以上の大学が管轄する地域内には存在しない。
また、カリフォルニア大学については、カリフォルニア大学の別のキャンパ
スに所属する者がチーム長になることはできないというルールもある。その
ため、これらの卓越した研究大学の場合は州外の他の名門大学からチーム長
等が選出されることが多い。

　続いて、チーム長補佐の主な役割は、チームとして作り上げる評価レポートをひとつにまとめ上げることである。評価レポートは、ほとんどの場合、チームのメンバーがその担当する観点ごとに執筆することになるが、チーム長補佐はこれらを束ね、執筆者と具体的に調整しながら1人の人が書いたような一貫したレポートに仕上げる役割を負う。そのためチーム長補佐には事務的な能力も問われる。

　チーム長やチーム長補佐以外の構成員は、対象機関の形態や審査に必要な専門性を踏まえて、財政、ガバナンス、学習成果、学生サービス等の各分野に専門的な知見を有する者が選ばれる。これらの構成員は、対象機関と同様の規模や形態を持つ大学の構成員であることが望ましいとされ、カリフォルニア大学の各キャンパスの場合には、カリフォルニア大学の他のキャンパスやスタンフォード大学等の教員から選ばれることが多い。副会長はこれらの人選について、過去のアクレディテーションを通じて得た豊富な人脈や、協会が有する巨大な人材データベースを活用しながら行う。

　このようにしてチーム長、チーム長補佐、その他のメンバーのチーム全体の候補者がまとまると、協会の全副会長が集う会議においてその案を提示し、より適切な人材や優れた組み合わせがないかを議論し、ブラッシュアップをした上で決定する。

　副会長自身はチームのメンバーとならないが、全体のプロセスが滞りなく進むよう監視するとともに、対象機関と評価チームのつなぎ役（リエゾン）として両者との間の情報共有や調整を行い、問い合わせに対応するなど全面的にサポートする。

3　アクレディテーション・プロセス②—評価の流れ

　アクレディテーションのプロセスは、評価チームが、対象機関の自己評価書を踏まえ、また対象機関に対する訪問調査等を通じて評価レポートを作成し、運営委員会がこれを踏まえてアクレディテーションの決定を下すという流れである。

　まず、対象機関は、アクレディテーション基準に沿って必要なデータを収集し、気づきの点をまとめた自己評価書を作成する。この自己評価書は、評

価チームとの打ち合わせであるオフサイト・レビューから 10 週間前までに協会に提出される。

　オフサイト・レビューとは、事前に対象機関が作成した自己評価書などについて評価チームが対象機関に 1 日かけてインタビューをし、これをもとに評価チームがその時点での所感を踏まえた予備レポートを作成するとともに、訪問調査において重点的にチェックしたい論点の洗い出しを行うことを目的とした会議である。また、訪問調査に向けての事務的な段取りも確認される。多くの場合、オンライン形式による。

　訪問調査はオフサイト・レビューの約半年後に行われる。ここでは、オフサイト・レビューで洗い出された論点を中心に、評価チームが実際に大学を訪れ、多くの場合 2 日間かけて大学の執行部や教員、学生などにインタビューをしたり、校舎を視察したりする。ここで確認したことをもとに、評価チームの各メンバーは各担当部分についてレポートを書き上げる。これをチーム長補佐がとりまとめ、チーム長管轄のもとひとつの体系だった評価レポートを完成させる。

　評価レポートが完成すると、協会の理事会に提出され、理事会はこれをもとにアクレディテーションの可否の判断を行う。評価結果の概要や認否の最終的な判断はアクション・レター（action letter）としてまとめられ、対象機関に送付されるとともに協会のウェブサイト上で一般に公開される。アクション・レターには、課題や改善事項のみならず他の機関も見習うべき優れた取組等も記載される。

4　アクレディテーション基準

　西部大学協会は、大学の担うべき責務を 3 つのコア・コミットメント（Core Commitments）として示した上で、これらを果たしているかを判断するための 4 つのアクレディテーション基準（Standards of Accreditation）とこれに基づく 39 の具体的な評価基準（Criteria for Review）を定める。この評価基準が、アクレディテーション・プロセスにおける対象機関の自己評価や評価チームによる評価、協会の理事会による最終判断において活用される。また、各評価基準への適合性を具体的に判断するための助けとなるよう、評価基準ごと

に例示などを示したガイドラインが設けられている。

○コア・コミットメントとアクレディテーション基準 [15]

（コア・コミットメント）

学生の学びと成功：明確な教育目標と学生の学習成果を持つこと。学生
　の学力と成功を測定するため、学習成果に関する適切で信頼できるエ
　ビデンスの収集、分析、解釈を行うこと。

質の維持向上：すべての教育的活動について高いレベルの質を維持する
　こと。教育その他の組織的活動の成果を向上させるための適切なエビ
　デンスを駆使すること。戦略的かつ一体的な計画を通じて、現在の責
　務や将来的なニーズと機会を満たすだけの許容性を明確に示すこと。

組織としての一体性、持続性、アカウンタビリティ：社会が各機関に対
　して、高等教育の価値の維持と社会への貢献に関する重要な責任を信
　託したことを認識すること。安定的な実務を行い、組織としての一体
　性を明確にし、透明性の高い運営を行い、変化に適応していくこと。

（アクレディテーション基準）

組織としての使命と教育目標の明確化：機関としての使命を決め、これ
　を踏まえた上での教育目標を設定すること。根本的な価値や性質、特
　有の要素、高等教育界や社会における位置付け、公益への貢献のため
　の明白かつ明確な意識を持つこと。これは、一体性、透明性、自律性
　とともに機能する。※この項目において、8 の評価基準を設定。

中核となる機能を通じた教育目標の達成：中核となる教育機能を通じて、
　組織の使命と教育目的を組織単位とプログラム単位で達成すること。
　学習成果に関する適切で信頼できるエビデンスの評価や学生の成功の
　立証により、中核となる機能が効果的に果たされていることを明確に
　示すこと。※この項目において、14 の評価基準を設定。

質と持続性を確保するための、資源や組織構造の開発と利用：人材、設
　備、財政、技術、情報資源への投資や、適切で効果的な組織や意思決
　定の構造を通じて、運営を維持し教育目標の達成を立証すること。こ
　れらの主要な資源と組織構造が、組織の使命と教育の目標の達成を促

進し、高いレベルでの教育環境を実現すること。※この項目において、10
の評価基準を設定。

質保証、組織としての学習、向上を追求する組織づくり：いかに効率的
に組織の使命や教育目標が達成されているかに関する、エビデンス
ベースの全員参加型の自己点検を継続的に行うこと。高等教育におけ
る将来的な環境の変化についても考慮すること。組織全体の計画と教
育効果の組織的な評価を報告すること。組織的な調査、研究、データ
収集の結果は、優先事項を決め、計画し、質と有効性を向上させるこ
とのために使われること。※この項目において、7の評価基準を設定。

5　サンタバーバラ校の事例

　こうしたアクレディテーションの仕組みが一教育の質保証の観点で各機関
にどのような影響をもたらしうるかを示す1つの事例として、カリフォル
ニア大学サンタバーバラ校の例を取り上げる。

　同校は、カリフォルニア大学の他のキャンパスと比較すると大学の規模は
小さいが、学士課程教育の充実に力を入れてきた。他の多くのキャンパスで
は新入生の入門講座などに新任教員や非常勤講師を登用する傾向があるのに
対し、同校はこれらの講座にも可能な限り優秀なベテラン教員を多く充てる
ようにしている。

　しかし、同校が誇りを持つ学士課程教育においても、15年ほど前までは
学生の学習成果に係る指標や評価プロセスが導入されておらず、学内にその
ような文化も組織も存在していなかった。これが変わる契機となったのは、
アクレディテーション審査において、こうした指標を導入するようにとの指
摘を受けたことである。同校は西部大学協会の担当副会長であるオズボーン
氏と連携をしながら学内の変革を始め、学士・修士・博士課程のすべての教
育プログラムにおいて学習成果の指標と評価プロセスを導入しようとした。

　その際、サンタバーバラ校の学長は、一方的なトップダウンではなく、大
学組織における真正なプロセス（genuine process）とも言える、ボトムアップ
方式を採ることとした。まずは学習成果の指標や評価の導入に懐疑的な教員

の理解を醸成するため、オズボーン氏もプレゼンテーションの実施等を通じて大学に協力し、教員と忍耐強く話し合った。その上で学科等ごとに自ら指標の案を策定するように仕向け、案が上がってくると、その妥当性について何度も往復をしながら指標全体を完成させた。こうしたプロセスについて、オズボーン氏は、「学長にとっては、ボトムアップのプロセスを経るよりも、『今後こういった指標で評価を実施するから従うように』と指示するほうがよほど簡単である。しかし、大学としては、協会の要求があったからやるということではなく、学内において学生の学習成果を測ることの重要性に対する本当の信頼を醸成しなければ変革は成功しない。そのため、当時の学長は導入のプロセスにこだわった。一方で、それは非常に長い時間がかかることを意味した。」と振り返る。実際に、学士課程において指標を整理し、評価モデルを構築するだけで5年、さらに大学院の課程について同様のことを行うのに3～4年もの歳月がかかった。

　現在では、学生の学習成果の評価等に係る教員向けのウェブサイト[16]も充実し、評価の意義や、学科等ごとの指標の一覧、カリキュラム改善のための具体的なプロセス等の多様な情報がわかりやすく盛り込まれている。これらは形骸化せず、教員が自らの教育プログラムを自己評価またはピア評価により見直し、改善していくために有効に活用されている。

　このように、アクレディテーション・システムは、アクレディテーション団体への所属に係る資格認定を行うのみならず、対象機関の教育の質の向上にも大きな役割を果たす。サンタバーバラ校の事例のように、大学と協会が長年に渡り信頼関係を築き、協働して教育の質の向上のための組織内改革を進めることも可能である。西部大学協会によるアクレディテーション・プロセスは、外圧的な組織改革ではなく、他の大学の同様の事例等に係る豊富な知見を有する協会が、大学自身では動かしにくい学内の文化や教職員の意識を時間をかけて変えていく形式をとるものであり、これは自己評価とピア評価を柱とする自発的なプロセスによってこそ実現されるものである。

第4節　内部質保証のプロセスと自発的な質保証の意義

1　アカデミック・プログラム・レビュー

　アクレディテーション・プロセスは、教育の質を維持・向上させるような内部質保証の仕組みを設けることを要求している。これについて、バークレー校には、自校の教育課程の評価と改善を行うための「アカデミック・プログラム・レビュー」（APR: Academic Program Review）（以下「プログラム・レビュー」という）という仕組みが存在する[17]。これにより、同校の10の学部における65の学科等すべてが10年に1回程度の頻度で評価を受ける。

　プログラム・レビューは1971年に開始され、当初は大学院教育と研究活動に焦点を当てたものであったが、1981年に学士課程教育も対象とされるようになった。現在は、同校全体の教育研究に関する中長期的な計画である「戦略的学術計画」（Strategic Academic Plan）との関連が重視されており、学科等がプログラム・レビューの過程で抽出された課題を踏まえて将来の方向性や戦略を考えるプロセスとしている。

　プログラム・レビューを全体として管理するのは、大学の執行部とアカデミック・セネイトの代表者から成る「プログラム・レビュー管理委員会」（Program Review Oversight Committee）である。メンバーは、執行部からはプロボスト、学士課程担当副学長、多様性担当副学長、学術計画担当副学長、教員担当副学長、大学院課長、計画・分析室長などであり、アカデミック・セネイトからは5つの分野別委員会（学部、大学院、予算・学科間、多様性、学術計画・資源配分の各担当委員会）の議長が参加する。プログラム・レビューの仕組み等に係る重要事項はこの管理委員会が決定する。

　また、プログラム・レビューの事務局は学術計画課（Division of Academic Affairs）が務め、スケジュール管理や評価委員の選定手続きなどの事務を行う。さらに、データや情報面でのサポートは計画分析室（Office of Planning and Analysis）というIR（情報戦略）の担当部署が一元的に担う。同室が評価対象となる学科等に係るデータについて他の大学や他分野の学科等との比較も含めたデータ等を提供し、エビデンスベースの評価を行う土台を作る。そのほか、対象組織をサポートするため、学術計画課の政策アナリスト、多様性担

当部局のアナリスト、教育学習センターの評価担当者、計画分析室のデータアナリスト、組織開発の戦略コンサルタント等から成るサポートチームが評価プロセスの管理を行うとともに、組織開発や経営改善、カリキュラム開発、多様性等の各観点からの助言を行う。

　評価の主要な要素は、学科等による自己評価と学外評価委員会によるピア評価である。レビューを行う時期になると、学術計画課から学科等に通知が来て、同課の職員と対象となる学科等の幹部による、評価プロセスやスケジュール等の事務的な伝達も含めた会議が開催される。そして、対象となる学科等の過去の評価結果やデータに基づく最近の傾向、授業プログラムの効率性や多様性の向上に係る取組、重要課題等に関する教員からのヒアリングなどを踏まえて、当該審査において焦点となる論点を決定する。

　その後、学科等がガイドラインにしたがって自己評価書を作成するが、そのエビデンスベースの検証や評価の参考に資するために、計画分析室がデータセットを用意する。データセットの内容は、当該学科等のリソース（財政、教員、職員、授業負担など）、教育プログラム（学生数、カリキュラム、授業など）、学生と教員の状況（教員のランク、教員や学生の人種・性別等の多様性など）、外部資金の獲得状況などである。評価分析室は、このデータセットに分析による解釈等の概要を追加し、さらに特記すべき論点のリストを付して、データサマリーとして学科等に提供する。このデータサマリーは事務局である学術計画課にも提供されるが、確定前には学科等にも照会がかけられる。

　各学科等において作成する自己評価書における必須の点検項目は以下のとおりである。

○自己評価書への記載内容　※括弧内は提出枚数の上限
①全体の概要（1頁）
②現状に関する考察（10頁）：学科等の概要、過去の評価への対応、前回の評価後に生じた事情の変化とそれへの対応
③今後の戦略的計画の概要（15頁）：目的、重要分野、教育、人事計画、財政、優先事項
④機会均等と多様性に関する計画（5頁）

⑤教員略歴（1名あたり1頁）

　これに加え、はじめの会議において決められた焦点となる論点や、大学自らが決定する学習成果や多様性の確保に関する優先事項について重点的に振り返る。これらの自己評価においては、過去の評価への対応やその成果、現状分析、大学全体またはその分野の研究における貢献、中長期的な研究計画、今後の教育方針、これらに向けた資源の配分方針などに関する、当該学科等の教員による分析や議論の結果も記録することとなっている。なお、かつては自己評価書について分量の制限がなかったが、学科等によっては何百ページという膨大な量のレポートを提出し、審査に時間がかかり過ぎることがあったため、現在は提出枚数の上限を定めている。

　このようにして作成された自己評価書は、学外評価委員会による訪問調査の2ヶ月前までに事務局に提出され、各学外評価委員の構成員も含めた関係者に共有される。

　学外評価委員会は、バークレー校に比肩する他の大学等に所属する、対象学科等の分野において国内外で高い評価を受けている委員3〜5名から成る。委員の選定については、まず対象学科等が候補者リストを作成した上で、同校のアカデミック・セネイトの意見を聞きつつ、各候補者の対応可能性等を調整しながら最終的に事務局において選出する。

　学外評価委員は、事前に配布された自己評価書を参照しながら、訪問調査において特に確認したい論点を整理しておく。訪問調査は1日から1日半の日程で行われ、当該学科等の執行部、教員、学生等にヒアリングを行う形で行われる。調査が終わると、学外評価委員はさらに1日かけて評価レポートを執筆する。

　併せて、他の学科等の教員から学内評価者が一人選ばれ、学外評価委員のサポートを行うとともに、気付きの点について評価レポートを執筆する。

　これらの学外評価委員会と学内評価者による各評価レポートは、対象学科等にも共有され、当該学科等はこれに対してコメントを付すこともできる。これらのレポートとコメントは同校のアカデミック・セネイトの5つの分野別委員会（学部、大学院、予算・学科間、多様性、学術計画・資源配分の各担当委員

会）に回付され、各委員会はこれらにコメントを付す。これらのすべての文書を踏まえ、最終的にプログラム・レビュー管理委員会で審議が行われ、評価結果と対象学科等への勧告を含むアウトカム・レターをとりまとめ、学科等に共有する。学科等はこれをもとに今後の戦略的計画を見直す。

　バークレー校におけるプログラム・レビューの特徴の一つは、そのプロセスを通じて各学科等が課題に気づき、その課題を解決するための戦略的な計画を策定することを目的としていることである。このような観点から、自己評価書の作成においても、当該学科等の全体的な評価のほかにその時点で特に課題となっているテーマを2、3つ選定し、重点的に掘り下げることを求めている。また、自己評価書の段階で今後の戦略的な計画の草案を示すこととなっているが、この時点で完全なものを示す必要はなく、評価プロセスのなかで外部評価委員等の意見を聞いてみたい事項についてはそのように記載した上で、最終的な評価後に改善された計画を作ることを認めている。プログラム・レビューに関する学科等向けのハンドブックには、この評価プロセスの中ですべての課題を解決することを目的とするのではなく、課題を発見し、将来につなげることを強調している。

　また、二つ目の特徴として、エビデンスベースの検証を支えるための情報やデータの提供に係る充実したサポートがあることがあげられる。データの一元的な管理部署である計画分析室は、他の大学等との比較も含めてキャンパス全体の部局ごとの情報やデータを日常的に管理するとともに、専門家であるデータアナリスト等からの助言を得ることができる体制となっている。計画分析室からの様々なデータセットの共有やアドバイスは、学科等が自らデータをとりまとめて分析を行う手間が省けるばかりでなく、他との比較や全体の中で位置づけも含めた当該学科等の課題の抽出や検証に係る客観的な評価を可能とする。

2　「民」による教育の質保証

　アメリカの大学の質保証の仕組みは重層的である。**図8-1** のとおり、連邦教育省はアクレディテーション団体に対して学生の経済支援プログラムの対象機関の決定等のために認証（recognition）を行い、アクレディテーション団

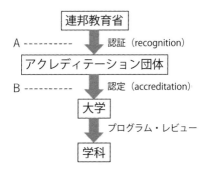

図 8-1　アメリカの教育の質保証の仕組み

体は大学に対して一定水準以上の質を満たす大学として当該団体に所属することを認めるための認定（accreditation）を行い、さらに大学は学内において大学全体の教育水準の維持向上を目的とした学科等単位のプログラム・レビューによる評価を行っている。

　これらの仕組みについて、これが大学の外部からの評価によるもの（外部質保証）か学内の評価によるもの（内部質保証）かという観点で見れば図中のBで線引きすることができる。一方、評価者が政府組織（官）か非政府組織（民）かの観点で見ればAでの区分となる。アクレディテーション団体による認定は、連邦教育省からの認証により公的な性質を帯びるものの、その構成員は各大学であり、内部組織の構造やアクレディテーション基準、プロセスを自律的に定めており、財源にも公的資金が入っていないため、本質的に民の仕組みであると言える。

　評価主体の違いは評価プロセスとも連動しており、アクレディテーションやプログラム・レビューの評価は自己評価とピア評価により成り立つ。このうちピア評価については、被評価主体が自分と同等以上と認める同じ分野の評価主体を選定するプロセスが組み込まれており、このことが大学や学科等に対する専門的で高度な評価を可能とするとともに、被評価者の納得と受容、向上心を引き出す。連邦教育省などから見ればこれらは「身内による評価」とする批判にもつながるが、評価の目的が被評価主体が自主的に変革・向上

することを促すことにあり、また、大学組織が専門性や複雑性、多様性など
の特性を持つことを踏まえれば、自己評価とピア評価の組み合わせは大学評
価における一つの有効な形態であると捉えられる。

　また、サンタバーバラ校の事例のように、アクレディテーション団体との
協働による評価と支援は、分権的な文化を持ち、執行部による一方的なトッ
プダウンによる変化が成功し難い大学においても、大きな変革の可能性を持
つ。大学の内部組織をよく理解する自発的な同業者団体が大学の教育の質の
維持向上のために一定の役割を果たし、ボトムアップの変革をサポートでき
るのは、アクレディテーション団体が非政府組織であってこその効果である。

　ただし、多くの大学は、必ずしもアクレディテーション・プロセスを身
内による評価と捉えているわけではなく、「やっかいではあるがうまく切り
抜けなくてはいけないもの」と考えている面もある（これは学内のプログラム・レ
ビューでも同じである）。この点について、西部大学協会のオズボーン氏は、「こ
れまで私は、各機関の教育の質保証が最も重要だという意識で働いてきた。
多くの機関にとっては、アクレディテーションによって得ることのできる
連邦からの資金のほうが質保証よりももっと重要だと考えているのが事実
だろう。ただ、そのような機関にとっても、副次的に達成される教育の質
の向上は、アクレディテーション・プロセスを通じた予期せぬ大きな贈り物
（unexpected huge bonus）であると考えている。」と述べる。大学を深く知る者
が大学との信頼関係を基盤とし、このような思いで取り組む時、アクレディ
テーション・システムは大きな力を発揮し得る。こうしたことが可能である
のも、同システムが本質的に大学の自主性によって支えられていることによ
る。

注

1　アメリカのアクレディテーションは高校等も対象とするが、本章では大学のみについ
　て扱う。
2　6 つの地域に対して 7 つの団体であるのは、西部地域については対象とする学校種に
　より 2 つに団体が分かれているためである。
3　"CHEA Recognition of Accrediting Organizations–Policy and Procedures"（2010 年最終改
　訂）による定義。
4　Matthew W. Finken, (1978). "Federal reliance on Educational Accreditation": The Scope of

Administrative Discretion

5　以下の歴史的経緯について、例えば、次を参照。Antoinette Flores (2015). "Hooked on Accreditation -A Historical Perspective", Center for America Peogress

6　Fred F. Harcleroad (1980). "Accreditation: History, Process and Problems", Higher Education Research Report, No.6

7　同部局は 1867 年の設立当初は「Department of Education」と名付けられたが、その後 1868 年に「Bureau of Education」と改名され、内務省（Department of Interior）の一部局として位置付けられた。

8　なお、アクレディテーションを受けていない機関であっても、非営利の公立大学は、アクレディテーションを受けている 3 つの機関からその信用性を担保されれば連邦のプログラムの対象となり、また、それ以外の営利を含む機関であっても、その正当性を確認するための長いプロセスを経た上で州の承認を受ければ対象となることができるという例外があった。

9　非営利法人についてはそのまま州の運営許可がおりるが、営利法人については州による追加的な審査がある。

10　公益財団法人大学基準協会ホームページ、文部科学省「学制百年史」等を参照。

11　財源は参加する大学からの会費により、政府による補助金等は全く入っていない。

12　"Recognition of Accrediting Organizations –Policy and Procedures"（CHEA 2010 年改訂）

13　J.N. ホーキンス（2016）「高等教育と質の問題―内部質保証と外部質保証の視点」、山田礼子編著『高等教育の質とその評価―日本と世界』東信堂

14　理事の任期は 3 年であり、複数名ごとに始期が異なる。

15　"2013 Handbook of Accreditation"（WASC、2015 年改訂）

16　"UC Santa Barbara –Assessing your Program's Learning Outcome"（http://assessment.ucsb.edu/）。サイトの冒頭には、アントワーヌ・ド・サンテグジュペリ氏の「計画の伴わない目標はただの願いである。」の言葉が掲げられている。

17　2017 年時点の仕組みを紹介している。

第9章

教員をとりまく環境と評価

　大学の研究力は個々の卓越した教員から生み出される。ジュドソン・キング氏もその著書の中で、「優れた研究は偶然の帰結ではない。高い評判と影響をもたらす研究成果を生み出すには、大学は、卓越した教員やその潜在性を持つ教員を認知し、呼び寄せ、または育て、彼らを支援し成功させるための有効な策を講じなければならない。」と述べている[1]。大学の力とは教員力そのものであり、いかに優秀な教員を抱えて育てるかが研究力を伸ばす鍵である。

　すでに触れたとおり、各種データは、カリフォルニア大学の教員が高い外部資金獲得能力を有することを示している。同大学全体の研究支出の規模は全米の公私立大学全体の9％に当たるほか、教員たちの出版力も高く、同大学は2014 ～ 2019 年の5年間で33.7万の研究出版物を刊行しているが、これも全米の9％に相当する。論文の質の面で見ても、論文被引用数に係る指標である FWCI（Field-Weighted Citation Impact）[2] を見ると、全世界の数値を1とすると、カリフォルニア大学の各キャンパスの平均は1.96と2倍近くである。分野別に見ると、ほとんどの分野でアメリカ大学協会の平均を上回っているが、特にコンピュータ・サイエンス、工学、薬学などが突出しているほか、経済や人文系の学問の数値も高い[3]。

　本章では、アメリカ全体の研究資金獲得競争や人材獲得競争などの教員たちをとりまく競争的な環境に触れた上で、カリフォルニア大学の教員力の維持・向上に係る基本的方針を示す教員評価の仕組みを紹介する。

第1節　教員をとりまく競争的環境

1　教員の給与と研究資金

　アメリカの研究大学における教員給与は大学での授業への対価として支給され、授業のある学期中（9ヶ月間）のみ支払われる。研究資金については、スタートアップ資金や大学院生、ポスドクの雇用などについて一部学科等が補助する場合もあるが、基本的には各研究者が自ら外部から獲得する必要がある。学科等から補助を受ける度合は様々であり、雇用の際に提示する条件として取引材料にもなることもある。

　研究者はプロジェクト等に係る外部資金を得ると、その一部を長期休暇中の自分の給与などにも充てつつ、業務の遂行にあたり追加的に必要な人材を確保する。特に研究資金の額が大きい分野になると、独立研究者（PI: Principal Investigator）は起業家のように、資金調達や資金配分を戦略的に計画する。多数の資金獲得のプロポーザル、他の機関の関係者とのネットワーキング、様々な会議や学会への出席など多様なマネジメント業務を研究の傍ら行い、多忙な毎日を送る。また、自ら立ち上げる研究事業を通じて大学院生やポスドクなど雇用した人材を育て、産業界、政府系研究機関、大学等に送り出して彼らの成功につなげる責任もある。雇用される人材は、若い頃から研究室で師事する教員のマネジメント業務を補助するため、独立研究者となる頃までに資金調達や資金配分のスキルが十分身についている。研究内容の卓越性はもちろん、資金の獲得やそのマネジメントも、巨額な資金が動く自然科学系の研究者にとっては重要なスキルの一つである。

　研究者が競争的資金への絶え間ないプロポーザルを行うことは、自分の研究による将来的な社会への貢献について外部にわかりやすく説明する訓練ともなる。このことは自分の研究と社会との繋がりを常に意識しながら研究を行うことにもつながる。

　一方、資金のやりくりなど経営業務に相応な時間が割かれることや、研究に際しても日々細かなお金を気にしすぎるというマイナス面もある。研究者によっては、このような競争的環境を好まず、欧州の大学などに移籍し、資金調達に追われることなく自分の探究心に応じた研究ができるような環境に

移る人もいる。しかし、世界的潮流としては、今や多くの国の大学がアメリカ型の競争的な研究環境に近づいており、そのような環境を見つけること自体が難しくなっている。

　カリフォルニア大学の執行部は、このような競争的な研究環境について肯定的である。元研究担当副総長のアーサー・エリス（Arthur Ellis）氏は「競争的資金の審査はピア評価によるため、自分の研究に関するアイデアがどこまで他の研究者に認められるか、どこまで社会に必要とされるかを診断されることを意味する。つまり、審査を通って無事に外部資金が獲得できたということは、自分の研究やそれに関するアイデアが社会から認められた証である」と述べる。大学組織としても、個々の教員を評価する際に、その教員がどの程度外部資金を獲得できているかということは、その者が携わる研究の価値を測るための有効な判断基準である。

　これに関連して、社会への具体的貢献が中長期的であり、そのルートも多様である基礎研究への投資に関する考え方についてはどうか。基礎研究は好奇心を原動力とする研究（curiosity driven research）とも呼ばれ、それに取り組む時点で社会への明確な成果が見えない場合が多い。しかし、例えそれが基礎研究であっても、研究を社会のためにこれを活かすというゴールが変わるわけではない。エリス氏は「基礎研究も応用研究も社会に貢献できるまでのスパンが違うだけである。基礎研究は投資に対してより後に見返りが来る」とし、連邦の政府機関等において基礎研究から応用研究への競争的資金の配分に関するポートフォリオをしっかり作ることが大事であると説く。また、ナポリターノ元総長も、「基礎研究は大事だが、社会に活かされなければ意味がない」と述べる。州立大学として、基礎研究も含めて社会への成果の還元を執行部レベルで強く意識していることがわかる。

2　大学間の人材獲得競争

　アメリカでは、市場において労働者の組織間流動性が高いなか、大学間でも人材獲得競争が激しい。寄付金による豊かな財力を活かして研究者に高い給与や待遇を提供できる名門私立大学を中心に、教員に対するリクルートが盛んである。また、多くの大学には教員の採用や転籍を支援するための専門

家のチームがあり、採用したい人材へのアプローチや待遇提示を含めた条件
の交渉などを包括的に引き受ける。引き抜く条件として提示する中には、引
越しの支援や家族や生活へのケアに係ることも含まれる。例えば、居住地を
変更する場合の新たな住居の探索や引越しの費用負担、子息の現地での転校
先の検討、住所変更等の行政手続の代行のほか、子息が当該大学に入った場
合の学費負担などを含む場合もあり、研究者が転籍や移転に関して負担を感
じないようきめ細かな手助けをする。また、転籍後も滞りなく研究プロジェ
クトが遂行できるよう、特定のチームをまとめて引き抜くこともある。

　このように財力を駆使して一流の研究者を獲得する私立大学と比較して、
入学者の増大の一方で州の財政支援の割合が大幅に減少しているカリフォ
ルニア大学は、これに対抗できる条件を提示できるわけではない。例えば、
2019 年度の教員給与について、ハーバード大学、スタンフォード大学、マ
サチューセッツ工科大学、イェール大学の 4 つの私立大学の平均は、教授
は約 25.0 万ドル、准教授は約 15.9 万ドルであるのに対し、カリフォルニア
大学はそれぞれ約 19.9 万ドル、准教授は約 13.0 万ドルであった。約 20 年
前の 2000 年度においても 4 私立大学の平均の方が高かったが、その差は 1.4
〜 1.8 倍に拡大している[4]。

　カリフォルニアの快適な気候を好む研究者も多いなか、カリフォルニア大
学は、地理的に近いスタンフォード大学などに優秀な教員を獲られることも
多い。一方、こうした私立大学からの誘いを断り、カリフォルニア大学で働
き続けることを選択する教員も多くいる。教員人事担当副プロボストのスー
ザン・カールソン（Susan Carlson）氏によると、「貧しい家庭の学生も多く受
け入れる多様性ある州立大学で、州のために教育と研究に取り組み続けたい
と思う教員も少なくない」と述べる。公立大学において多様なバックグラウ
ンドの学生に向き合うことへの教員としての誇りは随所で感じられる。

第 2 節　給与体系と教員評価

1　教員のランクとテニュア

　教員の肩書や給与体系、教員評価の基本的なプロセスは、総長本部がア

カデミック・セネイトと連携して策定する「教員人事マニュアル」（APM: Academic Personnel Manual）に規定され、各キャンパスはこの枠組みに則ってより詳細なマニュアルを策定する。一方、個々の教員の採用や異動、昇進などの教員人事に関する判断権は各キャンパスに任されている。ただし例外的に、総長本部が定める一定の閾値を超える高額な給与に関わる人事については、総長本部や理事会の承認が必要となる。

　教員の階級（rank）には、教授（professor）、准教授（associate professor）、助教（assistant professor）、講師（instractor）がある。多くの教員は、まず助教として雇用された上で実績を積み、通常6年目に准教授となるかどうかの審査を受ける。准教授以上はテニュアと呼ばれる終身在職権を有し、正当な理由がなければ解雇されない[5]。また、非テニュアでいられる期間には限りがあり（例えばバークレー校では雇用から8年）、これを超えるとその大学を去らなければならないため、助教として限られた期間のなかで実績を積み、テニュアの審査を通ることが第一関門となる。なお、バークレー校における非テニュアからテニュアへの昇進率は7～8割である。テニュアへの昇格に向けた本格的な審査は6年目に行われるが、雇用されて数年目には中間審査が行われ、そこでテニュアになれる可能性が指摘される。そのため、大学に所属してすぐにでも確固とした研究成果を出さなければならず、どの教員にとっても相当なプレッシャーである。なお、テニュアを獲得するには、教育と研究の双方において「特別優れた知的業績をあげていること」が必要であると規定される。

2　給与体系と俸給表

　教員の給与は、ラダーランク（Ladder Rank）と呼ばれる俸給表により、理事会決定のもと全キャンパス共通で定められている。**表9-1**は、一般分野の助教から教授までの俸給表であるが、教授には9つ、准教授には5つ、助教には6つの合計20の号俸（step）が存在し、定期的な人事評価により号俸が上がっていく仕組みである。階級が上がった際には、その時点での号俸における給与額よりも一段階上の号俸から始まり、例えば、准教授の5号俸から教授に昇格した者は教授の3号俸から始まることとなる。なお、教授の9

表 9-1　教員の俸給表（ラダーランク）の例（教授、一般分野）(2019 年 10 月 1 日時点)

階級	号俸	各号俸の年数	年間給与	月額給与
講師	—	—	56,900 ドル	4,741.67 ドル
助教	1	2	66,100 ドル	5,508.33 ドル
	2	2	70,100 ドル	5,841.67 ドル
	3	2	73,900 ドル	6,158.33 ドル
	4	2	78,100 ドル	6,508.33 ドル
	5	2	82,300 ドル	6,858.33 ドル
	6	2	86,600 ドル	7,216.67 ドル
准教授	1	2	82,400 ドル	6,866.67 ドル
	2	2	86,700 ドル	7,225.00 ドル
	3	2	91,100 ドル	7,591.67 ドル
	4	3	96,500 ドル	8,041.67 ドル
	5	3	104,000 ドル	8,666.67 ドル
教授	1	3	96,600 ドル	8,050.00 ドル
	2	3	104,100 ドル	8,675.00 ドル
	3	3	112,100 ドル	9,341.67 ドル
	4	3	120,400 ドル	10,033.33 ドル
	5	—	129,300 ドル	10,775.00 ドル
	6	—	139,200 ドル	11,600.00 ドル
	7	—	150,100 ドル	12,508.33 ドル
	8	—	162,200 ドル	13,516.67 ドル
	9	—	175,800 ドル	14,650.00 ドル

号俸に達した上でさらにその分野において目覚ましい実績をあげた教員については、規定外（above scale）と呼ばれる俸給表外の高い給与を設定することもできる。このような教員は特別栄誉教授（distinguished professor）などの身分を得る。

　評価の周期は 2 〜 5 年であり、ランクが上がるほどその周期が長くなる。表 9-1 においては教授 5 級以上は周期が示されていないが、評価がなくなるわけではなく、最大 5 年の周期が設定される。

3　分野間の給与格差

　俸給表には、多くの分野に適用される基本的なもののほか、経営・経済・工学、法学、健康科学などの分野に係るより高い給与水準の俸給表が存在する。これらの分野は、市場から優秀な教員を得るために高い給与を設定する必要があるためである。

　もともとは、俸給表はカリフォルニア大学全体の分野間での給与の公平性を期すために定められた。どの分野でも一律の基準のもとで絶対評価により昇給や昇格を認めることで、すべての分野の振興を行う趣旨である。実際に、30 年ほど前までは、分野間に大きな給与の差はなかった。しかし、特に健康科学などの分野については民間の市場における給与水準が高騰したため、優れた教員を雇用するためには別の給与水準で対応せざるを得ず、特別な俸給表が作られるようになった。

　現在ではその給与の開きは大きく、例えば、一般の俸給表においては教授の 9 号俸について年間 175,800 ドルであるところ、健康科学における最高水準の俸給表における同号俸の額は年間 458,800 ドルであり、283,000 ドルもの違いがある（2019 年 1 月時点）。また、健康科学のような分野では、規定外（above scale）のランクもよく活用される上、俸給表とは別に特別な給与を上乗せするオフ・スケール（off scale）という仕組みもあり、例えば、通常の教育研究活動のほかに医者としての診療や手術の活動を行っている場合、その実績により追加的な報酬が認められる。

　さらに、同じ俸給表が適用される一般分野であっても、学問分野によって昇給しやすい分野とそうでない分野がある。特に人文系の学問は書籍分野（book discipline）と呼ばれ、論文や記事を多数書くのではなく、比較的長い時間をかけてじっくりと書籍を執筆するスタイルが多い。そのため短周期の評価にはなじみにくく、昇給の速度が他分野よりも遅くなる傾向にある。これは不公平とする声もあるが、この問題に適切に対処するための手法はまだ開発されていない。

　「分野間または同じ分野内における給与の著しい格差があると、教員のインセンティブは下がりやすい。例えば、最近は教授よりも高い給与で助教が雇われるようなこともあるが、そうなるとシニアの教員を中心として全体の

インセンティブは下がる」とカールソン氏は言う。一部の高給の研究者の存在が全体の研究者の士気を損ねる場合もある。分野としての多様性を持つ大学組織の特性と、一部の分野に直に影響する市場の影響との間で、大学は解決の難しい課題に直面している。

4　評価プロセス

　カリフォルニア大学は、学内の研究者の力を最大限に引き出すことを重視する。最も歴史あるバークレー校でも、外部からスター選手を獲得するよりも、若く才能ある研究者を雇用し卓越した研究者に育て上げることを基本的な方針として明確に掲げる。そして、それを制度的に促す仕組みの一つとして、カリフォルニア大学の特色ある教員評価の仕組みがある。

　アメリカの大学では、テニュア（終身在職権）の獲得後は定期的な評価の対象とはならないのが一般的である。しかし、カリフォルニア大学の教員は、ランクに関わらず（例えプロボストやノーベル賞受賞者になろうとも）、定期的に人事評価を受け、前回の審査時点から新たに生み出した研究成果等について審査を受ける。そして、この審査を通らなければ俸給表における昇給や昇格はない。

　カリフォルニア大学の定期的な人事評価において審査の対象となるのは、①教育、②研究（専門職分野においては業績）、③大学への貢献（アカデミック・セネイトの委員会への貢献など）であり、これらの観点のそれぞれについて成果を示す必要がある。このうち研究は特に重く見られる傾向にあるが、教育や大学への貢献の成果も遜色ないことが必要とされる。

　評価プロセスは目的に応じて 2 つに分かれる。まず、より簡易なプロセスで行われるのが、定期的に号俸を上げるためのメリット・レビュー（merit review）である。実態として教員がこれに落ちることはほとんどないが、前回の審査時から全く成果を出していなければ同じ号俸に残留ということもありうる。もうひとつはメジャー・レビュー（major review）であり、テニュアへの昇格、教授への昇格、教授 6 号俸への昇給、規定外給与への昇給の場合におけるより厳格な審査である。

　具体的なプロセスはキャンパスやスクール、デパートメントにより少しず

つ違いがあるが、バークレー校における一般的な流れを**図 9-1** に沿って紹介
する。

(1) メリット・レビュー

　各教員は年末になると、その年の実績（教育、研究、大学への貢献における実績
や受賞歴など）を細かく記した書類をデパートメントに提出する。この書類は
デパートメントごとに保存されている各教員の人事ファイルに追加される。

　俸給表に規定された周期によるメリット・レビューを行う年になると、デ
パートメントチェア（学科長等に相当）は対象教員に、評価を行う旨と基本的
な評価プロセスや被評価者の権利等を記載した事務連絡を通知する (a)。

　他方、デパートメントでは、対象となる教員の職務経歴書や、前回のメ
リット・レビュー以降の実績報告書、著書目録や出版物などの資料をまと
めた人事評価ファイルを用意する (b)。これにデパートメントの推薦書と
ディーン（学部長等に相当）の推薦書、併せて本人からの希望があればその書
類も添付し (e, f)、これらの全書類を大学の人事課（Academic Personnel Office)
に送り、アカデミック・セネイトの人事委員会[6]の審査も経た上で (h)、学
務担当副プロボストの了解をとり (i)、対象教員に結果を通知する。

(2) メジャー・レビュー

　テニュア獲得や教授への昇格等のより重要な審査を各教員にいつこれを受
けさせるかは、各デパートメントにおいて、教員から毎年提出される実績に
係る書類等や本人の希望を踏まえて判断する。デパートメントチェアが教員
に審査を持ちかけることも、教員本人から希望を出すこともある。本人から
の希望があった場合でも、審査を通り得る十分な実績が不足していると考え
られる場合は、本人にその旨を伝えながら何度か議論することがあり、これ
を踏まえて最終的にはデパートメントにおいて決定する。

　メジャー・レビューを開始する場合には、対象者に通知がなされるととも
に (a)、学科等において人事評価ファイルを作成する。審査対象となる実績
は、前回のメジャー・レビューの審査時以降のものである。職務経歴書、実
績報告書、著書目録や出版物、さらに本人が希望する書類などをファイリン

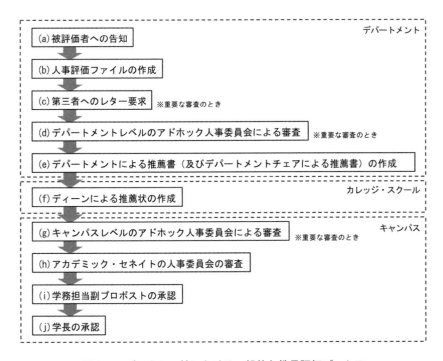

図9-1　バークレー校における一般的な教員評価プロセス

グする（b）。

　メジャー・レビューにおける重要な判断要素の一つは、第三者によるレターである（c）。違う大学の同じ研究分野の同等のテニュア教員に対し、審査対象者に関する評価レターを書くことを依頼する。例えば情報学スクール（School of Information）では12名の教員にこれを依頼することとしており、その人選のためにスクールにアドホックな人事委員会を設置する[7]。審査対象者は、レターを書いてもらいたい候補者を6名まで希望を出すことができる。全体の人選の中では、これらの候補者を適切な数含むことが必要であるが、希望のうち何名が採用されたかも含め、最終的に誰がレターの書き手となったかは審査対象者には知らされない。審査対象者はレターの内容を見ることはできるが、書いた人の名前は伏せられ、コード番号だけが付された状態で審査される。なお、このレターは推薦書ではないため、必ずしも被評

価者にとって都合のいい内容が書かれるとは限らない。極端な例として「そのような人の研究はあまり知らない」と書かれた場合にはその研究分野における知名度の時点で致命的であり、「研究の面では優れているがこういう点で人間的に問題がある」等と書かれることもありうる。審査対象者にとって都合の悪いことが書かれたものも含め、すべてのレターは審査の対象となる。人事委員会はレターをとりまとめた上で、昇格等をさせるべきかの所感を含めた報告書を書き、ファイルに追加する (d)。

　これらの書類をもとに、デパートメントとしての判断とその理由を示した推薦書が作成され、追加される。なお、デパートメントチェア自身の判断がデパートメントの総意としての判断と異なる場合には、デパートメントチェアの立場としての推薦書も添付することができる (e)。審査対象者は、評価ファイル一式の中身をすべて見ることができ、必要があれば自分のコメントを追加することもできる。

　ファイルはディーンに上げられ、ディーンによる推薦書が付される (f)。その後、特に重要な審査の場合には、キャンパスレベルのアドホックな人事委員会を組織し、審議を求めることもある。その場合には人事委員会の報告書も追加される (g)。

　その後、ファイルはアカデミック・セネイトのキャンパスレベルの人事委員会に回され、昇格等の可否に係る意見を含めた報告書が作成される (h)。

　最終的に、すべての資料が人事担当副プロボストに回される (i)。人事担当副プロボストは、判断のために必要な資料が不足していると考える場合には追加資料の提出を求めることができる。それも含めてすべての資料が学長に回され、形式的には学長が最終的な判断を行うことになる (j)。なお、教員人事はアカデミック・セネイトの権限事項であり、一連のプロセスを経て上がってきたものを学長やプロボストが否定することはなく、手続に重大な瑕疵があるなどの事情がある場合のみと考えられている。

　以上が、カリフォルニア大学における教員評価プロセスの基本的な流れである。

5　組織全体としての力への着目

　このようなカリフォルニア大学の教員評価の仕組みは、アメリカの研究者
が置かれる、研究費の獲得競争という文脈での競争的環境とは異なる意味で
の競争性を生み出している。これについてキング氏は、「アメリカの研究者
一般が置かれている研究費の獲得などに係る競争と、カリフォルニア大学の
教員評価による競争は性質が異なる。前者は他者との戦いであり、後者は自
分との戦いである」と述べる[8]。

　同大学の教員の給与体系については、もともと俸給表は1つであり、分
野の多様性や教員間の公平性という価値観に根ざすものであった。これは、
分野や研究段階によって成果の社会実装の時期や形態は様々であり、その価
値を一律に測ることが難しいという大学の教育研究活動の特殊性を踏まえて、
市場の価値付けから一定の距離を置いた上で、各分野の教員を同じ給与体系
のもとで評価し、その能力を着実に伸ばしていくことにねらいがあった。現
在は一部の分野について別の俸給表が存在しているが、キング氏の言葉は、
カリフォルニア大学の教員評価に係る基本的な理念は変わっていないことを
示している。多様な分野の学問的価値と教員間の公平感を尊重するものであ
る。

　カリフォルニア大学はまた、組織全体としての卓越性を強く意識している。
2017年4月には総長本部が「カリフォルニア大学の研究分野における全体
としての卓越性（collective excellence）の追求」という方針を打ち出した。これ
は、研究者個人の活躍を目指すとともに、大学総体としての卓越性を追求す
ることを明確に示したものである。そのための手段として、大学内のチーム
による研究の推進、技術移転の推進に向けた一体的な取組の推進、学部生や
大学院生を研究活動に積極的に巻き込むことによる教育と研究の連携の推進、
構成員の多様性の強化、データベース等の共通の研究ツールの充実などを掲
げている。構成員の力を引き出して組織としての価値の最大化を目指すとい
う理念は、伝統的な教員評価の理念とも一致する。

　一部の卓越した教員の獲得は大学として成果を出すための特効薬として有
効であるが、大学を一つのコミュニティとして捉え、その構成員の公平性を
可能な限り実現し、帰属意識や一体感を重視することにより、組織全体の力

を引き出すこともできる。州立大学として幅広い分野で活躍する研究者の多様性に価値を置き、各研究者の大学や社会に向けた貢献意欲を土台として大学全体の教育研究力を高めることが、カリフォルニア大学の戦略の一つであると捉えられる。

注

1　C. Judson King (2018). *The University of California -Creating, Nurturing, and Maintaining Academic Quality in a public University Setting.* Center for Studies in Higher Education, University of California, Berkeley

2　FWCI は、(対象となる論文の被引用数) / (対象となる論文と同じ出版年 , 同じ分野 , 同じ文献タイプの全論文の平均被引用数) と定義される。

3　"Annual Accountability Report 2020" (the University of California, Office of the President)

4　"Annual Accountability Report 2020" (table 5.3.4) the University of California, Office of the President

5　なお、講師についても一定の雇用保障を受けることができる。

6　バークレー校の人事委員会は予算・学科間委員会 (Committee on Budget and Interdepartmental Relation) である。

7　情報学のスクールにはデパートメントが存在しないため、スクールレベルでの委員会となるが、デパートメントがある場合にはデパートメントレベルの委員会となる。

8　筆者によるジュドソン・キング氏へのインタビューより。(2017 年)

第 4 部　社会との結びつき

第**10**章

アカウンタビリティと情報戦略

　公的機関へのアカウンタビリティ（accountability）の要請は、時代を追うごとに多面化・複雑化し、組織内における対応のためのコストも増すばかりである。

　アカウンタビリティには多様な定義があるが、その一つに、1990年代のカリフォルニア大学バークレー校の社会学教授、マーティン・トロウ（Martin Trow）氏による「資源がどのように使われ、それがどのように影響したかを、他者に報告し、説明し、正当化し、質問に対して答える責務」というものがある。アカウンタビリティはもともと税金の使途を納税者に示すための会計上の説明責任のことを指すことが多かったが、現在では、公的機関や企業等の行為や成果などの社会一般に対する説明責任のことを広く指す。そして、その役割は、組織の詐欺や不正行為を防ぎ、コンプライアンスを維持させるとともに、組織を外部評価にさらすことで活動の質や生産性を向上させることにあると捉えられる。

　大学が社会に提供するサービスの在り方は多様であり、教育活動を通じて学生に教育を提供する一面もあれば、研究活動や社会貢献活動を通じて地域や国、世界の課題を解決し、人々の生活をより豊かにしていく面もある。これらの多くは、受益者が実質的な意味で利益を享受するまでに時間がかかるとともに、その結果につながるまでの作用の複雑性から、金銭の提供とその対価の提供という市場の尺度によって成果を推し量ることが困難な場合が多い。このため、社会は大学に対してある程度の信託（trust）をもって、その自律的な運営と、公的資金を活用する包括的な正当性を認めざるを得ない。

　この点、ヨーロッパの古典的な大学では、伝統的に個々の大学が政治や社

会に対して何らかの責任を直接的に持つものとは考えられておらず、大学の
アカデミックな営みに対して市場の概念を持ち込むこと自体が意図的に避け
られるなど、大学が社会から受け取る信託の程度は強かった。一方、アメリ
カの州立大学は、大学の自主性や学問の自由などのヨーロッパにおける基本
的な概念は輸入したものの、州政府をはじめとして大学に対して力を及ぼし
たいと思う者たちから、大学が公的な投資に見合うサービスを十分に提供し
ているかを問うための監視を受け、大学は社会の信頼・信任を失っているの
ではないかという指摘に常に脅かされてきた。社会との信頼関係を維持する
ために膨大な時間と努力を費やしてきており、その一つが高いアカウンタビ
リティに結びついている[1]。

　カリフォルニア大学も、不景気に伴い州政府の財政難が続くなかにあって、
州からの補助金を獲得するための条件として、大学の価値を説得力を持って
社会に発信することを求められ続けてきた。社会との接続の場である大学の
理事会においても、執行部は、企業等の経営のエキスパートである理事から
大学運営の成果を常に数値的な根拠をもってわかりやすく証明することを厳
しく求められている。

　このことは大学運営にとって、本来の教育研究活動の実施とは別にかかる
大きな負担であることは間違いないが、カリフォルニア大学はこのアカウン
タビリティへの対応を組織全体の情報戦略の中に取り込み、ここ十数年で大
学の戦略基盤を強化した。社会への説明責任や情報開示の要請に対する守り
の問題を、科学的根拠に基づく戦略的な意思決定につなげる攻めの問題へと
転換させたのである。この変化は、社会全体の加速化する変化の中で、巨大
な組織が遅れをとらずに機動的に対応するというカリフォルニア大学の経営
力に直接結びついている。

　本章では、カリフォルニア大学総長本部におけるアカウンタビリティや情
報戦略に関する取組や歴史的変遷、組織体制などについて取り上げる。

第1節　カリフォルニア大学の情報公開

1　情報公開の多様なツール

　アメリカの州立大学は、一般に、大学の運営や成果、状況に係る情報公開の程度が質と量ともに優れている。ウェブサイトや各政策分野の年次報告書等は充実し、基本情報のデータセットやその分析に資する情報が誰でも容易に入手できる。カリフォルニア大学も、各キャンパスのみならずシステムレベルの情報公開が充実しており、多様な観点によるキャンパス間の比較なども数値的データとともにわかりやすく発信されている。

　カリフォルニア大学のこうした取組のうち、代表的なものを取り上げる。

(1) アカウンタビリティ・レポート

　「アカウンタビリティ・レポート」(Annual Accountability Report) は、カリフォルニア大学が刊行する年次報告書である（**図10-1**）。その構成は、2020年度のものを例にあげると、エグゼクティブ・サマリーで大学運営の現状や成果を概説した上で、①入学状況、②学部生の経済状況、③学部生の学習成果、④大学院生、⑤教員、⑥職員、⑦多様性、⑧教育・学習、⑨研究、⑩地域貢献、⑪医療、⑫財政、⑬受賞・大学ランキングの 13 のテーマごとに章立てする。各章の冒頭にその分野における目標と現状、今後の見通しを数ページで簡潔に記載した上で、具体的なデータとその分析内容を 1 データ 1 ページで取り上げる。このページでは、データが示す内容を上段に短く記載した上で、中段に実際のデータを大きく示し、下段により具体的なストーリーを配置する。冊子全体で 180 近くのデータが取り上げられるとともに、分野別のより細かいデータについては別途複数のサブ・レポートが存在する。

　カリフォルニア大学においてアカウンタビリティ・レポートを刊行する直接の契機となったのは、マーガレット・スペリングス連邦教育省長官が設置した高等教育の将来に関する委員会が公表した、いわゆる「スペリングス報告書」[2]（2006 年）であった。これは 21 世紀に高等教育に期待される役割を踏まえた大学改革に必要な視点を提言するものであるが、その中に「すべて

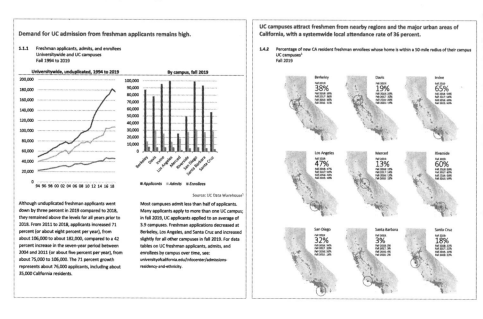

図10-1　アカウンタビリティ・レポート2020

の改革を実行する大前提として、アカウンタビリティがしっかりと実施されなければならない」との指摘がある。具体的には、授業料、学習成果、アクセス、卒業率、管理職給与などを含む管理運営全般に必要な費用等、多様な事項に関してより一層透明性を高めることが、高等教育機関が負う義務であるとする。

　こうした政策提言を契機にアカウンタビリティへの社会の意識が高まるなか、2008年に第19代カリフォルニア大学総長に就任したマーク・ユドフ（Mark George Yudof）氏は、最優先課題の一つとして、大学全体とキャンパスレベルのアカウンタビリティ・システムの構築を掲げた。ユドフ氏は当時、理事会において、「我々は立法府、保護者、納税者、学生に対して、説明責任を果たす必要がある」、「人々は、『カリフォルニア大学はうまくやっているか』という類の質問に対して誠実な答えを受け取る権利があり、それは統計的なデータにより裏付けられている必要がある」等と主張している。また同氏は、具体的なデータに基づくアカウンタビリティの向上は、大学の戦略

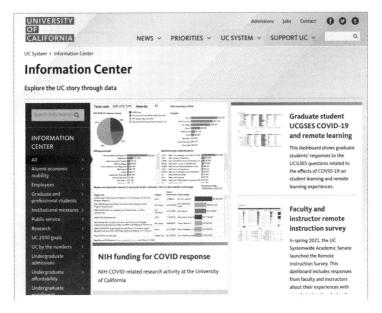

図10-2　インフォメーションセンター

的な計画策定、意思決定、予算策定、到達度の評価の運用にも寄与することになり、カリフォルニア大学理事会が大学が直面する最も重要な政策課題に専念することを可能にするとの考えを示した。

　ユドフ氏は総長に就任すると早急にこの構想を具体化し、2009年には初めてアカウンタビリティ・レポートを公表した。現在のレポートの構造はこのときからすでに確立されていたものである。

(2) インフォメーションセンター

　また、カリフォルニア大学は、大学システム全体や各キャンパスの状況等について、視聴者が自分で変数を操作しながら情報を得られるインタラクティブなウェブサイト、「インフォメーションセンター」(Information Center)を設けている（**図10-2**）。経年の推移やキャンパス間の比較、関連情報なども含めて数値的情報がグラフ等において可視化されるため、知りたい情報を瞬時にわかりやすく把握できる。

　インフォメーションセンターでは、単に多様なデータを公開するのではなく、学生や保護者、一般の州民等の多様な関係者が関心ある情報をデータの解釈やストーリー等も交えながらテーマごとに示していることも特徴である。例えば、人種や経済的背景などに係る大学の構成員の多様性、卒業生の就職先や給与、近年の財政状況やその影響等のトピックを掲げ、これに関わる複数のデータを関連付けて示すよう工夫されている。必要があればグラフ等の根拠となる数値データも詳細に入手することができ、高等教育の研究者等を含め大学運営について分析しようとする者でも、総長本部にデータ提供に係る問い合わせをする必要がない。

　また、過去のデータのみならず将来の見通しについても示されている。2030年のカリフォルニア大学の姿として、入学者数や教員数の今後の推移、学部生の卒業率、学生の経済的背景によるギャップの解消、入学者増や今後の計画に基づき必要となる予算などに関する将来的な推計についても、システム全体とキャンパスごとのデータを載せている。

（3）地図サイト（UC in California maps）

　地図サイト「UC in California maps」は、カリフォルニア大学に係る情報が地図ベースで入手できるサイトである（**図10-3**）。各キャンパス、附属病院、国立研究所、管轄する自然保護区の場所のほか、総長本部や各キャンパスが行う教育研究や地域貢献に係る各種プログラムがどの地域でどの程度行われているか等を地理上の情報として見ることができる。サブタイトルの「キャンパスの境界を超えたインパクト」(Impact beyond Campus Borders) という表現にあるとおり、カリフォルニア大学の各キャンパスの地域への貢献が州全土に渡っていることを視覚的に理解することができる。

（4）カリフォルニア大学概要（UC at a glance）

　「UC at a glance」は、カリフォルニア大学に係る基本的な情報を厳選して2ページにまとめたものである（**図10-4**）。学生や教職員数、人種的多様性、経済支援、研究協定、技術移転、財源内訳などの情報が取り上げられている。

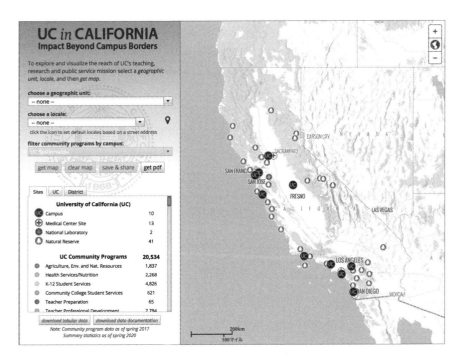

図 10-3　UC in California maps

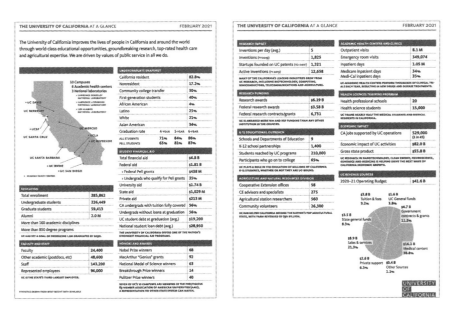

図 10-4　UC at a glance

2　アカウンタビリティ・レポートに対する指摘

　以上のように、カリフォルニア大学は膨大な情報データを社会に示してい
るが、さらなる高みを要請する指摘がないわけではない。例えば、ある理事
会の場では、理事から、「アカウンタビリティ・レポートはデータを開示し
て大学の状況や成果を示すだけでなく、課題を明示し、組織運営の改善とそ
れを通じた社会的な実利に結び付けなくては意味がない」という指摘があっ
た。同レポートは確かに、データを用いつつ大学としての成果をアピールす
る形となっており、課題に関する記述に乏しい。

　多くのデータを情報開示していても、これらの情報をどのように社会に提
示するかは総長本部において戦略的に練られている。この際、同じ情報でも
提供の仕方により受け取り手の印象や思考回路に影響を与えるというデー
タ・ヴィジュアリゼーションの手法も活用される。情報戦略担当副総長のパ
メラ・ブラウン（Pamela Brown）氏も、「我々はすべての情報を中立的に提供
する誠実なブローカーでありたい。しかし政治的状況がそれを許さないこと
もあり、情報の提供の仕方には気を遣う」と述べる。

　特に近年は、州議会と大学との関係は補助金をめぐって緊張しており、少
しでも都合の悪い情報を出すと部分的に切り出されて政治の場で取り上げら
れ、"解決"のための特定の手段を押し付けられることもある。そのため総
長本部では、数値だけが独り歩きをすることのないよう、解釈や文脈も含め
て示すなどの工夫を行っている[3]。

　ただし、理事会の場では、大学運営に係る目標達成に係る指標が厳しく
チェックされ、適切なデータを示すことが求められる。また、多くのデータ
は原データも含めて公開しているため、結果をごまかすことはできない。こ
うした意味で、アカウンタビリティを通じて多様な情報を社会に示していく
ことは、本質的に、大学が社会に対する成果を意識しながら大学運営を行う
契機となっている。

第2節　総長本部における情報戦略（IR）組織

1　IRAPチーム

　カリフォルニア大学の多様なデータ公開のツールを創設、管理・運営しているのが、大学全体のアカウンタビリティと情報戦略（IR: Institutional Research）を担当する総長本部の情報戦略チーム（Institutional Research and Academic Planning Team）、略して IRAP（アイラップ）チームである。チームのトップは情報戦略担当副総長が務める。なお、各キャンパスにも情報戦略の部署が存在し、概ね 5 ～ 10 名ほどの構成員から成る。

　IRAP チームが打ち出すビジョンは、「カリフォルニア大学における最も信頼できる情報源であること」である。タイムリーで正確な、一貫性と信頼性のある組織内外への情報提供を通じて、同大学の状況や課題、成果を根拠とともにわかりやすく示すことを目指している。

　IRAP チームには副総長のもと 30 名程度の常勤職員がいる。そのうちの多くが、カリフォルニア大学のほか、ハーバード大学、スタンフォード大学、マサチューセッツ工科大学等の名門大学の出身であり、データサイエンス等に係る高い専門性を持つ先鋭部隊である。総長本部の他の部署やキャンパスの情報戦略部署で働いた経験を持つ者も多い。IRAP チームの創設当時から長く勤め続ける者もいるが、比較的短期間に他の部署等と入れ替わる者もいる。副総長と副総長補佐以外の職員は、研究活動、学生の学習成果、教職員の給与、人材開発、教育の質保証などの大学運営に係る重要事項の担当分野を持ち、それぞれの分野に係る情報戦略について独立した使命を持つ。プロジェクトに応じて関係スタッフによる小チームが組まれることもある。

　職員は皆、基本的な情報分析スキル等は共通して持つが、専門についてはそれぞれ強みが異なる。データ管理やプログラミングに長けた者もいれば、統計学や情報分析学の専門家もいる。政策立案の経験が豊富な者もおり、データ分析を政策につなげることに役立つ。ブラウン氏は「メンバーの専門スキルの多様性がチームとしての総合力を高めている」と述べる。チームに所属してから、情報分析や政策分析、プログラミング、データ・ヴィジュアリゼーションなどの分野の大学のオンライン講座を仕事の傍ら受講し、さら

に技能を高める者もいる。

　IRAP チームは、毎週1回、1時間程度の定例打ち合わせを行う。事務的な情報共有のほか、組織内外の最新かつ重要な報告書等の内容の共有、チーム内のスタッフが行ったデータ分析の結果や対外的な報告の共有、新たに創設したウェブサイトの共有、重要案件の対処方針に関する議論などのほか、人材開発のためのワークショップを専門職員のもとで行うこともある。各職員が独自の使命を持つなかで、互いの業務の横のつながりを意識し、自分のデータ分析に新たなアイデアをもたらし得る場となっている。

2　役割とその変遷

　IRAP チームの歴史は比較的新しい。総長本部がキャンパスに対してより力を持っていた時代には、一時期、総長本部に情報分析の部署が置かれていたことがあるが、1970 年代から 80 年代に各キャンパスへの権力の移譲が進んだ際、各キャンパスに分散して解消した。それ以降 30 年近く、総長本部はシステム全体の情報戦略を担う部署を持たず、政策を担当する各部署が業務に関連するデータを管理していた。

　これにより、システム全体の情報が一元的に管理されないことに係る問題がいくつか生じるようになったが、その代表的な出来事が、2005 年にカリフォルニア大学全体の給与体系に関する方針や実態が注目され、その見直しに対する世間の注目が集まったことであった。このとき大学は全体の給与に関する正確なデータを迅速に提示することができず、議員、理事、一般社会の信頼を損なった。

　また、2007 年に、大学全体の組織改編に係るプロセスの中で世界屈指のコンサルティングファームであるモニター・グループ（Monitor Group）が総長本部の経営について調査した際、その重要な課題の一つとして、「IT や情報の運営に関する不適切な組織構造やプロセスが、同大学がタイムリーで正確な報告を行うことから妨げている」と指摘された。こうしたことから、2008 年の組織改編の際に、総長本部にシステム全体の情報戦略の機能を統一的に担うチームが設けられることとなった。

　同チームのミッションは、大学全体の情報分析と報告をし、組織の意思決

定を支えることであった。その遂行のためにまず取り組む必要があったのは、総長本部の各部署や各キャンパスに点在する情報やデータを集め、整理して一元的なデータウェアハウスに収めて、誰もが必要な時に取り出して利用できる形で管理することであった。しかし、各部署やキャンパスが管理するデータは文言の定義や前提条件等から異なり、例えば、一口に「学生数」と言っても春入学の学生やサマースクールの学生を含むかなどの細かな条件が異なった。そのため、複数のデータ同士を簡単に整理・統合することはできず、まずは基本的事項に係る文言の定義付けを行い、組織内でデータに係る共通の言語を作った上でデータを再編成するという組織全体を巻き込む大改革が必要となった。

　チームの地道な努力によりこれらの基盤が整い、データ管理に関する作業が単純化されると、データの分析作業や対外的な情報発信のために時間を割くことが出来るようになり、チームが発足してから 1 年後には初めてのアカウンタビリティ・レポートを刊行した。

　2013 年には、当時のプロボストの号令により、チームの情報分析機能を学内評価やアクレディテーション、学部生教育、入学計画等を含める様々な学術的事項に関する計画（Academic Planning）の企画立案等のために積極的に活用することをねらいとして、チームを現在の IRAP チームという名称とした。新たなチームは、それまでのデータ管理的な業務に加え、大学運営の透明性の向上のための対外的な報告の強化や大学内のエビデンスベースの意思決定を支えるためのデータ分析により多くの労力を割くことが期待された。新たなチームは半年後にインフォメーションセンターを立ち上げ、さらに翌年には UC in California maps を立ち上げた。

　また、エビデンスベースの政策立案のサポートの強化のため、チームの数人の職員を時間のとられるデータ倉庫の管理業務から外し、データ分析等の応用業務の専属とした。チームはその後も情報分析の機能と役割を拡大させ、プロボストへの学術関係のサポートのみならず、理事、総長、アカデミック・セネイト、総長本部の各部署、キャンパスなどをクライアントとして、組織の各部署における意思決定のデータ面での支援や数値的調査等への対応について中核的役割を担うようになった。

　さらに、総長が 2013 年に立ち上げた大学運営の効率性の評価のためのプロセス（Efficiency Review）のなかで、IRAP チームの人員をさらに増強し、組織全体に散らばっていた調査業務とワークフォース・レポート（workforce report: 人的資源のマネジメントのためのレポート）の統一的な管理や、より充実したデータの分析・報告業務を担わせることとなった。

　このうち調査業務の統一的管理については、それまでは、総長本部の各部署がそれぞれの業務に関連した調査を各々作成して各キャンパスに依頼していたほか、各キャンパス内でも独自に調査を行っていた。その結果、異なる複数の調査で質問が重複していたり定義がそれぞれ異なったりし、キャンパスは総長本部からの調査と自らの調査との両方を行わなければならず、組織全体で調査に関する業務が非効率に膨れ上がる状況にあった。また、各キャンパスの調査のとりまとめをバークレー校が担っている例もあった。そのため、IRAP チームは、総長本部主導で調査業務を統合、効率化し、学内の重要課題への対処に有効につなげるため、入学・編入、教育、学生の在籍コスト、満足度、卒業後の進路、食糧・住宅事情、医療への満足度等の分野を中心に調査の統合を行うこととした。また、調査業務に関する組織内の専門家を育て、大学の持つデータを他機関の情報データと結びつけるなど多様な分析をより充実してできるようにした。さらに、キャンパスのさらなる業務負担軽減のため、総長本部が各キャンパスに依頼する調査において、キャンパスが自由に質問を追加することができる機能を追加する等の取組も行っている。こうした組織全体の調査業務の統一管理はサーベイ・アドミニストレーション（survery administration）と呼ばれる。

3　業務

　このように、IRAP チームは、発足からまだ 10 年強の若い組織であるが、その役割と存在感を急速に高め、組織内のデータ管理やそれに基づく意思決定プロセスを大きく変革し、大学運営に不可欠な存在となりつつある。

　IRAP チームが現在担っている業務を整理すると、大きく以下のように整理できる。

① 組織全体のデータを集め、整理・統合し管理すること
② 組織内外からのデータに関する問い合わせに対応すること
③ 組織の基本的な情報を対外的に公開し、説明責任を果たすこと
④ エビデンスベースの意思決定のために組織内の情報を研究・分析すること

　このうち、①の組織全体のデータを一元的に管理する業務は、「データ倉庫の管財人」とも表現できるが、IRAP チームの最も伝統的かつ基礎的な業務である。組織内外の多様なデータを活用した複雑なデータ分析や各方面からの質問や依頼への迅速かつ正確な対応を行うには、機能的なデータ倉庫が存在していることが必要となる。前述のとおり、チーム発足時にはデータ整理のために定義・条件の統一やそれに基づくデータの統合に膨大な作業時間を要したが、一度整理をして堅固な基盤を作れば、あとはデータ更新の効率化のみの問題となり作業量は大幅に減少する。

　近年では、データ管理業務に関連して、サーベイ・アドミニストレーションの観点から組織全体の使命や目的に照らしてどのようなデータを収集するかを判断する役割も求められている。この機能が充実することにより、組織内の情報の収集、管理、分析、活用という情報戦略のためのすべての要素が組織の課題解決という目的に結びつき、一体的に運用されることが期待される。

　②は組織内外からのデータに関する問い合わせへの対応である。問い合わせを行うのは、総長を含める幹部のほか、総長本部の他部署、キャンパス、政治家、マスコミ、学生、一般の州民など多岐にわたる。内容としては、現在のフルタイム職員の数や過去 10 年間のマイノリティの学生の推移といった単発の質問のほか、時間をかけて複数のデータを統合しなければならないものがある。また、理事会や総長、幹部等からの要請に応じ、意思決定のサポートのため、複数の選択肢による組織内外への影響がひと目でわかるようなツールを作ることもある。過去には、州からの財政支援の大幅な減少による大学運営への各方面への数値的影響や、学費の値上げによる各所得層への

影響などがひと目でわかるツールを作った例もある。

　③は、組織運営について対外的なアカウンタビリティを果たす観点から、アカウンタビリティ・レポートやインフォメーションセンターなどを通じて組織の基本的な情報を外部に公開する業務である。これにより基本的なデータに誰もがアクセスすることができるようになり、組織運営に係る透明性が増すのみならず、データに関する単純な問い合わせを極力減らすことにもつながり、業務効率化に大きく資する。現在は、各ツールをユーザーがいかに使いやすくするかという観点から改善を重ねるとともに、その更新作業の自動化による事務的な負担軽減を図っている。

　④のエビデンスベースの意思決定のサポートは、IRAP チームとして最も高度な能力が問われる業務である。大きく二つに分けることができ、一つは組織の外部環境の情報を集約・分析して、組織運営の方針や戦略的計画の策定に活かす「環境スキャニング」と呼ばれる業務である。社会で今何が起きているかを多角的に分析し、大学にとっての意味付けを行い、政策決定に活かす。また二つめは、「プロアクティブ・アナルシス」（予測的分析、proactive analysis）と呼ばれるもので、過去と現在の分析から未来に起こり得る事象を予測し、戦略策定に活かしていく取組である。組織内外の多様な情報を分析・研究し、特定の論点における複数の選択肢ごとのシナリオを将来予測も含めて示すなどして、大学の戦略的意思決定や計画策定に結びつける。情報戦略組織の価値を発揮する最も高度で先進的な取組である。

　このほか、IRAP チームは、各キャンパスに対する情報戦略のリーダーシップをとっている。情報分析や公開手法等に関する好事例を把握し、必要に応じて各キャンパスの情報戦略部署等に助言を行っている。

4　今後の戦略

　IRAP チームの現在の業務の状況と今後の方向性について紹介する。

　チームを統括するブラウン氏は、「IRAP チームは、データショップや数値的なレポートの制作部署と見なされてきたこともあるが、現在はもっと重要な責務を担っている。カリフォルニア大学全体の意思決定を支える部署であるとともに、各部署やキャンパスにとってのアナリストでありコンサルタン

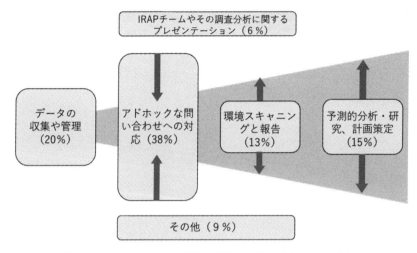

図 10-5　IRAP チームの業務の現状と今後の方針（2017 年）

トである」と述べる。このような役割を今後も一層強めていきたいという思いは、IRAP チームが 2017 年にまとめた現在の業務負担の状況と今後の方向性に関する**図 10-5** の資料に表れている。この図は、各囲みの中に、チーム内の現在の業務負担の内容とその割合が示され、これらの業務を矢印の方向に縮減または拡大させ、背景にあるグレーのような割合となることを目指すことを示している。

　より具体的には、IRAP チームの業務負担の現在の割合を見ると、チームの立ち上げの際には業務の大半を占めていたデータの収集や管理に費やす時間が、効率化の努力により現在は 20 ％ に縮小していることがわかる。一方で、組織内外からの単発的な問い合わせへの対応が 38 ％ と多くの時間が割かれている。環境スキャニングやプロアクティブ・アナルシス（予測的分析）等に関する業務はそれぞれ 15 ％ 以下である。

　今後の方向性としては、データ管理に係る業務は最小化し、各方面からの問い合わせへの対応の負担を減らした上で、環境スキャニングや予測的分析に係る業務を充実させていく。図の中で右に行くほど、情報分析等を大学の戦略的な計画のために活かす目的に向けて、業務は複雑で高度になっていく。

エビデンスベースの政策立案について、単に政策の選択のために必要な現状データを提供するという段階を超えて、外部環境や過去・現在の情報などを専門的に研究・分析し、その成果を大学運営に還元するというシンクタンクとしての機能強化を目指している。

　その方向性に向けた具体的戦略も明確である。まず、データの収集や管理に関する業務を可能な限り自動化し、更新等のための作業負担を軽減する。そして、組織内外からの問い合わせを減らすため、インフォメーションセンター等を一層充実させて、情報を得たい者がその興味に合わせて自由に情報を取り出せるようにする。これらにより生み出された時間を予測的分析等の研究活動により多く振り向ける。こうした成果を蓄積し、総長や幹部等に対して豊富な情報をもとに助言を行うこと、研究のなかで見極めた現在の大学運営における重要な課題やそれに関わる情報を主体的にインプットすること、理事会や執行部等の政策立案を扱う会議において論点を明確化し、充実した議論と意思決定を行うための土台を提供することなどを目指している。

　議論の土台の提供は、州議会に対しても有効である。アメリカにも高等教育界に多数の"神話"が存在し、特に政治の場ではそれぞれの思い込みをもとに議論されることも多い。例えば、大学組織は非効率に膨張している、留学生の増加で州内学生は入学しにくくなっている、学生は昔よりも学費の支払いに苦しんでいるなどの仮説について、客観的なデータや研究結果を提示しながら事実に基づく建設的な議論に結びつけていくことの意義は大きい。

5　他部署との連携

　IRAP チームの業務の遂行には、他部署との連携が不可欠である。主要な部署との連携の状況を以下に取り上げる。

（1）各政策担当部署

　IRAP チームの各メンバーは、担当する政策の担当部署と日常的に連携している。例えば、研究動向に関する分析を担当する者は研究担当部署と、学生の学習成果を担当する者は学生担当部署と密なコミュニケーションをとっている。各部署から見れば、自分の部署に関するデータを管理・分析する専

門家と日常的な交流があることで、政策立案に係るデータ提供や助言を求めやすいという利点もある。データに関して対外的な報告やプレゼンテーションを行う際には、どのようなデータの示し方をしたら相手にどのような影響を与えるかを考慮して、政策担当部署と相談をしながらこれを準備する。

　また、チームを率いる情報戦略担当副総長は、他の政策分野の副総長との情報交換を常に意識している。自分たちの存在意義やポテンシャル、成果を積極的にアピールするとともに、他の幹部の問題意識や方向性を可能な限り把握するよう努め、予測的分析のテーマ設定等に活かす。

（2）学外組織

　IRAP チームは、連邦政府や州政府、各種のシンクタンク機関等と連携し、これらが発信する情報や研究成果をきめ細かくチェックし、情報を入手するよう努めている。チームの定例ミーティングに外部機関の担当者を招き、最新の情報についてプレゼンテーションを行ってもらうこともある。また、カリフォルニア州立大学やカリフォルニア・コミュニティ・カレッジとも連携して調査や研究を進め、州の 3 層の大学システム全体としての成果等を社会に発信することにも取り組んでいる。

（3）政府関係担当部署、メディア担当部署

　様々な組織からの問い合わせのうち、議員やマスコミからのものは件数も多い上に相手の立場に応じた専門的な対応を必要とするため、総長本部における政府関係担当部署やメディア担当部署と連携して対応する。これらの部署にはそれぞれ政府やメディア等の業界の流儀を熟知した専門家が配置されているため、外部からの問い合わせに際してこれらの窓口を通すことにより、質問がどのような問題意識でなされたかを解釈し、適切な作業をし、最適な方法で回答することができる。

（4）IT サービス部門

　データ管理の業務等については、総長本部内の IT サービス部門と連携する。毎年キャンパスからは入学、経済支援、学位授与、教職員の身分や給与、

研究資金等に関する組織内の基礎的な情報の更新のために 500 を超えるデータファイルが共有される。これらに加え、外部機関からの膨大なデータも把握する。IT サービス部門はこれらのデータ収集や管理に関する技術的支援やセキュリティ等に係る支援を行い、IRAP チームが実質的な調査・研究の業務に集中できる環境を整備する。

6　情報戦略の新たなフェーズ

　カリフォルニア大学総長本部における情報戦略のチームの発足の一つの契機は、アカウンタビリティへの要請であった。大学運営の状況や社会への影響等について、州政府は数値的根拠とともに説明を求め、これにより大学システムは学内のデータを整理し、論点に応じて分析結果を提示する必要性に迫られた。大学はこれに正面から取り組み、各キャンパスや総長本部内の各部署を横断的にあらゆるデータを一元的に統合・管理するための改革をし、大学運営に係るアカウンタビリティを飛躍的に充実させた。

　そして、多様な情報が公開されるほど、大学運営は政策決定の段階から様々なアウトプット指標を意識し、課題認識や意思決定において定量的なデータを活用するようになり、データの収集や統合、管理、分析等を行う情報戦略チームへの期待が一層高まった。組織がますます巨大化・複雑化するなか、大学が機動的かつ戦略的に動くための基礎として、大学運営に関するあらゆる情報を一元的に管理し、課題に応じて複数のデータを組み合わせて分析や解釈を行う必要性と相まって、情報戦略が大学の組織運営においてなくてはならない地位を占めるようになった。現在の IRAP チームにとって、アカウンタビリティの充実自体は全体の業務の一部にすぎず、様々な工夫を通じてユーザーのニーズに合う情報提供やシステム開発を引き続き続けていくが、これらはむしろ運用の効率化という戦略のもとで語られる。アカウンタビリティの価値は引き続き重視しつつ、現在の情報戦略の視点は、大学運営の基盤となるデータに基づく政策立案の支援という新たなフェーズに入ったと捉えられる。

　こうした情報戦略の分野は、まさにその道のプロフェッショナルが活躍できる場であり、社会からの監視の目が強いアメリカの大学において、社会の

要請に具体的に対応し、その成果を対外的に発信していく大学運営を経営の専門家が支える体制を象徴的に示している。理事会等における大学運営の大きな方向性に係る意思決定のみならず、具体的な業務にもこうした専門家の力を活用することの一つの可能性を示す。

　現在、AI や IT の発達等に伴い、各企業等はデータ戦略に乗り出している。カリフォルニア大学が、公立の巨大な組織でありながらこれに乗り遅れずに機動的な対応を見せているのは、アカウンタビリティへの対応として組織内のデータの一元的管理を行うこととなった契機を捉えつつ、データ分析や情報戦略のプロフェッショナルチームが、当初与えられていたミッションを超えて力を発揮していることが大きい。

注

1　大学と社会との関係性に係る記述について、次を参照。Martin Trow (1996) "Trust, Market, and Accountability in Higher Education: A comparative Perspective", *Higher Education Policy*, vol.9, No.4, pp.309-324.

2　"The test of leadership –Charting the Future of U.S. Higher Education"（2006）A Report of the Commission Appointed by Secretary of Education Margaret Spellings (https://www. heartland.org/_template-assets/documents/publications/20152.pdf)

3　なお、個々のキャンパスでは、総長本部が政治の場との緩衝材の役割を果たすため、情報の出し方に対する意識はより緩やかである。

第11章

地域の教育力の向上

　アメリカにおける公立の小学校から高校までの初等中等教育は、市町村単位を原則とする学校区の教育委員会がこれを管轄する。学校の教育内容については、州が一定の基準を定めるが厳格なものではなく、基本的には各学校区に任される。また、財源については、州からの補助金以外の多くは当該学校区の税収により賄われるが、社会全体として貧富の格差が大きいなか地域による税収の差は大きく、学校区により学校運営の財政力に大きな違いが出る。豊かな学校区ほど高い給与で優秀な教員を集めるとともに施設設備を充実させ、質の高い教育環境を提供することができる一方、貧しい学校区では教科書すら毎年更新されず、古いものを代々共有して使用することもある。地域による教育格差は大きく、どこに生まれ居住するかによって享受できる公的な教育の質に違いがある。

　カリフォルニア州においても、高校の成績が上位8分の1の者に入学資格が認められるカリフォルニア大学への入学者は、州全体の約1,300ある公立高校の9割近くの出身を含むものの、そのうちの2割の高校の出身者が入学者の半分以上を占めており、高校によりカリフォルニア大学に進学する学生の割合に大きな偏りがある[1]。このように公的システムによる教育の機会均等が十分に確保されないなかで、カリフォルニア大学の各キャンパスは地域の教育力の向上に積極的に取り組んできた。その歴史は古く、1868年の大学設立から4年後には、総長の指示により地域の学校と連携した大学準備のための初等中等教育プログラムが開始されている。

　本章では、カリフォルニア大学が地域の教育力向上において果たす役割を紹介する。

第1節　大学の使命と高校教育の質保証

1　ランド・グラント大学としての使命

　カリフォルニア大学の地域の教育力向上に係る責任について、総長本部のダイバーシティ・エンゲージメント担当副総長であるイベッテ・ギュラッテ(Yvette Gullatt) 氏は、「カリフォルニア大学はランド・グラント大学であるから、大学に入学した学生を教育する責任だけではなく、カリフォルニア州の州民全体を教育する責任を負っている」と言う。ランド・グラント大学とは、1862年のモリル法に基づき、州民に農学や工学等の実学を授けて州の産業繁栄につなげるための高等教育機関の設立を目的として、連邦から土地を無償で付与されて設立された大学のことを言う。1868年に設立されたカリフォルニア大学の生い立ちもそこにある（第2章参照）。

　通常、大学の教育に関する責任は、一義的には大学に入学した学生に対してあると捉えられる。しかし、ランド・グラント大学が、州に根ざして州民を教育し、州に貢献する人材を輩出することに使命がある点を突き詰めると、州民の大学教育へのアクセスにも責任を持ち、それを高校以下の段階における教育機会の確保により果たしていくことへの要請も含むと捉えることができる。州の教育段階の最終機関として、州民が享受する教育のパイプライン全体にその責任が及ぶと考えるのである。カリフォルニア大学が地域の教育力の向上に積極的に取り組む背景には、こうした使命感が存在する。一般には政府の役割と整理されるような州の教育全体に係る責任の一部を、州立大学が担ってきたと言える。

2　高校教育の質保証

　大学準備教育の観点からの高校教育の質保証に係る役割もその一つである。カリフォルニア大学は、高校生が大学での学びに必要となる基礎学力を身につけられるよう、高校における教育課程の一部の基準を定め、それをもとに高校が編成した教育課程を審査し、認定している。高校には、これらの大学準備のための教育課程と通常の高校での教育課程が併存する。その上で、大学の入学基準においては、同大学から認定を受けた"a-g"コースと呼ばれ

る大学準備課程を高校で 15 単位以上とり、GPA で一定以上（3.0 以上。6 段階での評定で半分以上）の成績をとることを要件の一つとしている[2]。

"a-g" コースには、その名のとおり a から g までの 7 つの教科が存在し、その修了には下記の単位の取得が必要である。

［a から g の教科と最低限必要な単位数］

※ 1 単位あたり、1 年のコースを 1 つ、または半年のコースを 2 つとることが必要。

a 歴史・社会科学（2 単位）：1 単位は世界の歴史、文化、歴史地理。もう 1 単位はアメリカ史または、アメリカ史と公民またはアメリカ政治の組み合わせ

b 英語（4 単位）：英語の読み書き、スピーキング、リスニング、古典や現代文学など

c 数学（3 単位）：初等・高等代数、二次元・三次元幾何など

d 実験科学（2 単位。ただし 3 単位取得を強く推奨）：生物、化学、物理。これらの分野横断的な科目でも可能。

e 外国語（2 単位）：スピーキング、リスニング、文化的背景への知識と理解、読み書き、文法・語彙など

f 芸術（1 単位）：ダンス、音楽、映画、視覚芸術（絵画や彫刻等）など

g その他（1 単位）：a から f に係る分野横断的な教科または a から f の追加的な教科

また、カリフォルニア大学は、これらの教育課程の認定を行う立場から、各教科について、生徒が身につけるべきコンピテンシーに関する目標と、教育手法や教育内容に関するガイドラインを定めている。その例として、a の「歴史・社会科学」のガイドラインを以下に取り上げる。

◆「a 歴史・社会科学」(2 単位) に係る基準とガイドライン

　ねらい

　「歴史・社会科学」を必須とすることのねらいは、生徒がカリフォルニア大学において大学レベルの歴史教育を受けることを準備することにある。歴史的思考は、思考の対象を、特定の時間や場所において、また、特定の様々な出来事との関連により生まれたものであるという観点から分析するという点で他の思考様式とは異なる。このようなアプローチは、「歴史・社会科学」を通じてこそ学ばれるべきである。したがって、本科目において重要なことは、学習内容の範囲ではなく、歴史リテラシーを促す一連の精神的な態度や習慣である。

　そのため、本教科では、特定の歴史時代や有史時代の探索や歴史的実践の繰り返しによって、歴史のコンセプトやスキルを生徒に授けることを追求する。そのコンピテンシーは以下のとおりである（コースによってそれぞれの重みは異なりうる）。

1　文化、政治、社会的規範を形成するための変動要因としての時間や場所の重要性への理解

2　多様な文化や時代における幅広い範囲の歴史的史実への理解と評価と、史実に基づいた物語や議論の組み立て。すべての史実は不完全であるということ、さらに、異なる見解や対立する見解が必ずしも互いを打ち消し合うものではないことに対する理解を含む。

3　社会的、政治的、経済的、環境的からの観点から、また、決定論と偶発論の間の流動的な関係性の観点からの、因果関係についての多様な説明

4　異なる社会における基本的要素、資源配分、政治システムなどの、時代や場所を超えた社会的、経済的、政治的史実の知識

5　過去に関する知識は、証拠の保全状況や解釈の違いによる偶発的要素により形作られるものであるという意味における、過去の知識の不確実的な性質への気付き

6　口頭または作文による歴史的知識の伝達

基準とガイドライン

　すべての「歴史・社会科学」のコースは、生徒を一次史料と二次史料に触れさせ、歴史的な事実や考え方についての批判的思考や疑問の投げかけを促進するものとする。すべてのコースに必須で求められる教育手法とコースごとに求められる教育内容についてガイドラインを示す。

【教育手法に関するガイドライン】

　歴史的分析に関する一連のスキルを身に着けさせるため、生徒に以下のすべてのことを行うことを求める。(コースによりそれぞれの重みは異なりうる。)

(調査研究)

1　生産的な調査研究の基礎を提供しうる、研究課題の構築

2　オンライン・データベース上での探索を含むライブラリー・スキル（蔵書検索に関する能力）を磨くこと

3　史実の本質への調査、また、史実が作られ、認識され、公開され、受容または拒絶された過程について調査すること

4　生徒が歴史的実践の基本的要素を学ぶことができるような研究プロジェクトを行う。つまり、課題を設定し、一次史料と二次史料を特定し、これを分析し、物語や分析的主張を創造するような取り組みを実践する。このようなプロジェクトは、生徒が高校時代を通じて研究の技能を身につけていく段階に応じて、その深さと範囲が変わることが想定される。

(分析)

5　自ら特定した一次史料と二次史料の情報の質を評価する。

6　状況、場所、時代、国家的状況等を踏まえて、特定の出来事に対する異なる見解を比較する。

7　出来事、考え、社会、文化の変化についての複数の因果関係の説明を求める。

(コミュニケーション)

8　様々な長さの論文を書く実践を行う。これには、少なくとも 1 つの比較的長いもの（学年によるが 1,000 字から 2,000 字程度）を含む。この実践には、視覚またはウェブ上での史実のプレゼンテーションを含む。

9　定期的な練習により、口頭でのプレゼンテーションを行う自信をつける。

【教育内容に関するガイドライン】

本教科では、少なくとも以下の 3 つのことを行う必要がある。

1　決定論と偶発論の関係性を含め、なぜ社会が変化するか、またそれらの変化についての多様（経済的、政治的、文化的、社会的）な説明方法を探求する。

2　異なる社会（語族、種族、カースト、階級、宗教、市民権、民族など）の基本的要素と、文化的規範によるこれらの関連性や互いへの影響について追求する。

3　社会が、その存続のために必要な資源やサービスをどのように獲得、生産、配分しているかを追求する。

4　「政治的権力はどこから生まれどのように行使されるのか」、「政治の営みや政治組織は歴史の進展における他の局面とどのように関係しているか」などの問いの追求を通じた、異なる政治システムにおける典型的な特徴を特定する。

5　環境（自然地理や気候）や、社会における環境の変化が与えるインパクトを分析する。

（世界の歴史、文化、歴史地理）

・世界史のコースは、人類史のすべての文化や時代を網羅することを要しない。他の世界の文化が比較対象として常にその内容に含まれることを前提とした上で、1 つの文化について長期（少なくとも 3 世紀）に渡り詳細な学習を行うことが好ましい（例えば、唐の時代から現代までの中国史など）。あるいは、より伝統的なかたちでいくつかの文化を比較することもできる。

・アメリカや、それとよく似た文化（イギリスやカナダなど）の現代文化以

外に焦点を充てることが重要である。
・少なくともいくらかの時間は、18世紀より前の古い時代について学ぶことが必要である。

（アメリカ史）
・アメリカ史のコースは、アメリカの歴史について少なくとも200年以上の十分な長さの時代を含むこと、アメリカの歴史をより広い国際的な文脈で捉えること、社会の一部を構成する特定の孤立したグループについて学ぶことを避けることが必要である。
・アメリカ史のコースは、産業、経済、民族、移民、性別、語族、科学技術といった特定の視点に力点を置くこともできる。この場合には、その力点を置く分野を、アメリカ史やそれと比較される枠組みのいずれかにおけるより広い文脈のなかに位置づけることが適切である。

（アメリカ政府・公民）
・アメリカの連邦政府やアメリカ政治などに焦点を当てることがあり得る。

　このガイドラインの内容を見ると、当該分野の博士課程までを持つ研究大学であるからこそ記述できる、学問の本質に関わる視点が的確に取り上げられていることがわかる。歴史を学ぶとはどのようなことか、学習を通してどのような力を身につけさせたいか、そのため教育内容においてどのような視点を含めるべきかという点が明確に示されており、教育の最終機関としての大学が、大学での教育に必要な力という観点から高校の教育課程の基準を定めていることの意義が表れる。

　かつては、カリフォルニア大学は高校のアクレディテーター（一定の教育水準を満たす学校であることを認める主体）の役割を果たしていた。現代は、その役割は高校全体ではなく大学準備コースに関わるもののみとなっているが、大学に進学する意欲のある生徒がこのコースをとり、このコースで身につけた力が大学での学習の基盤となるため、大学が高校教育の質保証や高大接続に大きな役割を果たしているということができる。

第 2 節　教育力の向上

1　教員の資質能力の向上

　カリフォルニア大学は、地域の学校の教育力の向上の観点から、教員の資質能力の向上においても重要な役割を果たしている。州の高等教育マスタープランにおいては、教員養成は修士課程を持つカリフォルニア州立大学の使命であると位置づけられるが、カリフォルニア州立大学が教育者を育てる大学である一方、カリフォルニア大学は博士課程を持つ立場として「教育者の教育者」を育てる大学である。すなわち、同大学は教授法を含める教育学の専門的な研究を行い、その研究成果を学校現場につなげるとともに、教員を訓練する者を育てるなど、科学的理論に基づき学校現場における教育実践を支える機能を持つ。

　大学の研究成果を直接的に教員に還元するためのプログラムも設けられている[3]。例えば、CSMP（California Subject Matter Project）は、子どもの学力向上と教育格差の緩和を目的として、州内の小学校から高校までの教員の教育力の向上を目指す教員研修等を実践する、州内全域のネットワークを運用する州立のプログラムである。カリフォルニア大学やカリフォルニア州立大学、その他の大学等の機関がこれを主導しており、社会科学、読解、作文、数学、科学、国際、世界言語、芸術、体育の 9 つの分野別プロジェクトごとにワークショップや講義の開催などを行う。これを通じて、学校現場の教員に研究成果や授業実践に基づく教育内容と指導法の双方に関する専門的知識を共有している。教員同士が自主的に互いに職業的専門性を高める場であるプロフェッショナル・ラーニング・コミュニティ[4]に大学の教員が参画することにより、最新の教育学の研究に基づく知見を提供し、教員の専門知識や指導力を向上させる取組である。

　2016 年には、8,000 以上の学校に所属する 34,000 人の教員や学校運営者に対して 18,000 のプロフェッショナル・ラーニングを実践した。参加した学校の半分以上が学力水準の課題校である。フォローアップ調査によると、プログラムの参加者の 8 割がこれまでに参加した同様のプログラムよりも良かったと回答するとともに、7 割が指導法の向上を、6 割が学生の学習参

加の手法の習得を、5割が他の教員との連携に価値を感じたと回答した。

2　生徒の学力向上①—学力困難校への支援

　各キャンパスは、地域の学校と連携した教育支援を行うプログラムも実践している。カリフォルニア大学が特に力を入れて取り組むのが、地域の教育格差等を背景とした、教育の機会均等に係る支援である。財政力が低く学力水準の低い課題校に在籍する児童生徒、低所得層、英語が母国語でない児童生徒などへの重点的な支援が必要である。カリフォルニア州では、人種や宗教等のあらゆる事項に係るアファーマティブ・アクション（マイノリティに対する優遇）を禁止しているため、ハンディを持つ子どもの真の学力向上のための取組が必要である。

　このような目的のために州からの支援を受けて実施する主要なプログラムの一つが、幼稚園から大学までを対象とする SAPEP（Student Academic Preparation and Educational Partnarships）である。

　SAPEP には全部で 13 のプログラムがあり、このうち規模の大きなものが① EAOP（Early Academic Outreach Program）、② MESA（Mathemathics, Engineering, Science Achievement）、③ Pruent Project である。EAOP は、貧困層などの特に不利な条件にある生徒を対象に、カリフォルニア大学の入学に必要になる 7 教科の好成績の取得や共通試験への対策のために、集中講座、夏季休暇中の講座、学習相談やキャリア相談、テスト対策、親への経済支援の申請や進路選択に関する情報提供等を行う。MESA は、科学、工学、コンピュータ・サイエンスといった理数系の分野で進学することを希望する中学校と高校の生徒のために、アドバイザーを派遣したり講座を提供したりし、学習計画の策定、個別指導、数学ワークショップ、研究会、キャリア探索の支援を行う。親が一緒に参加するプログラムもあり、どのように子どもをサポートするべきかを学ぶことができる。最後に、Pruent Projerct は、主に英語を母国語としない中学校と高校の生徒を対象に、同じプログラムによってトレーニングされた講師やカウンセラーのサポートのもと、英語の授業の受講や個々の生徒の状況に応じた目標や学習計画の策定等を通じて英語のスキルを高めるためのプログラムである。これらのほか、コミュニティ・カレッジに在学する学生

をサポートするプログラムなども存在し、4 年制大学への編入率も向上させている。

　本プログラムの対象となった学校の数は、2015 年度では 1,100 の公立学校（幼稚園から高校まで）と 113 の州立コミュニティ・カレッジに及ぶ。特に、歴史的な学力課題校に対して重点的に行われており、本プログラムの対象となった高校の半分以上が、州の教育局が学校に対して 10 段階の格付けを行う API（Academic Perdormance Index）において平均以下の結果となっているところであった。また、2015 年度においては、SAPEP の主要な 3 プログラムの対象となる高校の 7 割以上が、州政府が実施する福祉プログラムにより無償または低価格での食糧支援を受ける資格を持つ生徒を 60 ％以上抱える学校であった[5]。

　これらの主要な 3 つのプログラムは大きな成果を上げ、全米でもベスト・プラクティスとして認識されている。例えば、2015 年度に高校の最終学年においてカリフォルニア大学やカリフォルニア州立大学への入学に必要な主要 7 教科の単位を取得した生徒は州全体で見ると 43% であるが、SAPEP のプログラムの参加者は 8 割が単位取得をしていた。また、大学入学に必要な共通テストである SAT（Scholastic Assessment Test）または ACT（American Collage Test）[6] の受験率について、プログラム非参加者は約半分であるのに対し、プログラム参加者は 7 割という結果であった。さらに、公立高校からカリフォルニア大学またはカリフォルニア州立大学への入学者は卒業生の約 4 割程度であるなか、EAOP は 62 ％、MESA は 69 ％、Puent Project は 70 ％の卒業生がこれらの大学に入学した（2016 年）。

3　生徒の学力向上②─卓越した人材の育成

　全体の教育力の底上げのほか、高い能力を持つ生徒に対するプログラムも存在する。例えば、COSMOS（California State Summer School for Mathematics and Science）というプログラムは、将来的に理数分野で活躍をしたいと考える優秀な高校生に対して、カリフォルニア大学の教員が専門的な立場から高度な理数教育を行う 4 週間のサマーキャンプ・プログラムである。参加した高校生が理数分野における刺激的な経験を積み、将来の科学者、エンジニア、

数学者として世界に羽ばたくことをねらいとしている。本プログラムはカリフォルニア大学の4つのキャンパス（デイビス校、アーバイン校、サンタクルズ校、サンディエゴ校）において毎年の夏休みに開催されるが、高校生が18～25名ほどのチームを組み、それぞれのチームに4、5名のカリフォルニア大学の教員がついて、実験なども含めた高度な理数教育を行う。扱うテーマはチームごとに異なるが、高校生からするといずれも高度な内容であり、例えば、天文学、航空宇宙工学、生物医学、コンピュータ・サイエンス、ナノテクノロジー、湿地生態学、海洋科学、気候変動、ロボット工学、ゲーム理論、離散数学などを本格的に教える。これらの専門的な分野の教育は一般の教員が教えることは難しく、大学教員であるからこそ実現できるものである。才能ある高校生は、本物の学問に触れることで、学習意欲や将来の進路選択への意欲に刺激を受ける。また、参加する大学教員にとっても、高校生の知的好奇心を刺激し、わかりやすい説明を通じて本格的な議論に巻き込み、高度な実験や観察に没頭させることを通じて将来に役立つ価値ある経験をさせることが必要であるため、教育力と工夫が問われる場である。

　このプログラムの参加費は、州内の高校生は3,745ドル[7]、州外からの参加は6,000ドル[8]と高額であるが、毎年大変な人気で激戦となる。2017年には、3,400人もの応募があった中から700人強が選ばれた。応募にあたっては、高校での成績とエッセイ、学校の先生からの推薦状が必要である。高校の最終3学年の誰でも応募をすることができるが、1人につき1回までの参加である。

4　取組の広がり

　「カリフォルニア大学は、州内のすべての学校の教室で、全米で最もよい教育が行われることを目指す使命がある」とギュラッテ氏は述べる。カリフォルニア大学のプログラムの例を見ると、この使命のために大学が果たせる役割は大きい。州の教育の最終機関として州民が最終的に身に着けるべき力を理解している観点からの大学準備教育の実践、教員養成を通じた最新の教育学の研究成果の学校現場への還元、地域の学校と連携した課題校への学習支援、専門的な学習を一足早く提供することを通じた学習意欲の向上な

ど、大学の多様な機能を活かしている。地域の教育力向上に関してこれまで
各キャンパスが知恵を絞って実現してきた取組の一つ一つが、グッドプラク
ティスとして他のキャンパスや全米の大学に広がっている。

注

1　カリフォルニア大学への入学者率がその学区の教育水準のすべてを物語るわけではな
いが、カリフォルニア大学への入学資格が成績上位者に限られていることからすれば一
つの参考指標になる。

2　なお、カリフォルニア州立大学の入学基準においては、カリフォルニア大学が認定し
た教育課程において GPA で 2.0 以上の成績をとるべきことを定めている。

3　各プログラムの詳細につき、例えば以下を参照。"Budget for Current Operations 2017-
18"（the University of California, Office of the President）

4　「プロフェッショナル・ラーニング・コミュニティ」の概念について、千々布敏弥
（2014）「授業研究とプロフェッショナル・ラーニング・コミュニティ構築の関連―国立
教育政策研究所「教員の質の向上に関する調査研究」の結果分析より―」『国立教育政
策研究所紀要』第 143 集（平成 26 年 3 月）251-261 頁などを参照。

5　なお、カリフォルニア州の公立高校の 57 ％ が、州から無償または低価格の食糧支援
を受ける資格を持つ生徒を 60% 以上抱えている（2015 年度）。

6　SAT は Scholastic Assessment Test、ACT は American College Testing Program の略。いず
れも大学入学の際に必要になる共通テストであり、カリフォルニア大学やカリフォルニ
ア州立大学への入学申請の際にも、原則としてこれらのスコアを提出することが必要と
なる。

7　一定の給付型の経済支援を申請することも可能である。

8　州外の生徒の参加は 20 名までと限定されている。

第12章
地球規模課題への貢献

　2013年にナポリターノ総長（当時）は、演説において、教育とは知を伝えること、研究とは知を創造することであると述べた上で、カリフォルニア大学は「カリフォルニアのために教育し、世界のために研究する（Teach for California, Research for the world）」と述べた。この言葉どおり、国際的に卓越した研究力を持つカリフォルニア大学の生み出す知は、州のみならず世界の財産である。また、カリフォルニア大学自身も、世界の中で比類なき公立研究大学であるとの自負から、州において喫緊に解決されるべき課題の解決に主体的な役割を果たすほか、それを通じた地球規模課題への貢献も強く意識する。

　2020年3月に世界保健機構（WHO: World Health Organization）がパンデミックを宣言したCOVID-19の危機においては、カリフォルニア州は全米の中でも特に壊滅的な被害を早い段階で受け、WHOのパンデミック宣言の1週間前にはすでに州知事が緊急事態宣言を行っていた。カリフォルニア大学の医療センターはいち早く患者の受け入れ体制を整え、検査の実施とともにマスクや衛生機器等の増産を行った。また、ニューヨーク州など被害が拡大する州への医療関係者の派遣のほか、新たな被害の拡大を防ぐため、州と連携して感染者の接触者追跡を行うための2,000人規模の人材育成も行っている。4月初旬時点で300以上の研究プロジェクト等を実施し、薬の安全性や効果検証を含めたワクチン開発に関する研究、スーパーコンピュータによる機械学習を用いた情報分析、政策や経済的影響に関する研究なども加速している。こうした感染症等の研究については、これまでもHIVや乳がんなどに関する研究を州政府と連携して進めており、世界に大きく貢献をしてきた[1]。

　併せて、従来より気候変動に関しても積極的な取組を行っている。カリ

フォルニア州は全米の中でも特に気候変動への意識が高い州であり、早くから連邦よりも厳格な規制を導入してきた。2002 年にはすでに、2017 年までに小売電力に占める再生可能エネルギーの割合を 20 ％ に引き上げることを目標とし、小売電力業者に再生可能エネルギーからの電力調達を義務付けている（再生可能エネルギー利用割合基準制度）。近年では、2018 年に、2030 年までに電力の 60 ％ を、2045 年までに 100 ％ をクリーンエネルギーを賄うよう電気事業者に対して義務付けたり、2020 年には 2035 年までにすべての車を電気自動車とすることを州知事が指示したりするなど、州における気候変動の対応に対して具体的な政策をとっている。また、2015 年には、現在200 以上の世界の地方自治体が参画する地球温暖化抑制のための国際イニシアチブである「Under 2 Coalition」の創設を主導するなど、国際的なネットワークに係るリーダーシップも発揮している。

　本章では、カリフォルニア大学の地球規模課題への対応に係る一例として、気候変動に関する取組を紹介する。

第 1 節　気候変動対策に向けた取組

1　気候変動に係るイニシアティブ

　気候変動については、1992 年に立ち上げられた国連気候変動枠組条約（UNFCCC: United Nations Framework Convention on Climate Change）の枠組みのもと、毎年締約国会議（COP: Conference of Parties）が開催されている。世界各国が一体となって気候変動対策を行うことについて大きく躍進したのが、2015 年に締結されたパリ協定（Paris Agreement）であり、ここでは先進国と発展途上国の共通の目標として、世界の平均気温の上昇を工業化以前よりも 2 度より十分低く抑えること（2 度目標）、さらに 1.5 度未満に抑える努力を継続すること（1.5 度目標）が合意された。そのために、今世紀後半に、温室効果ガスの人為的な発生源による排出量と吸収減による除去量が均衡する脱炭素社会を達成することを目指すこととしている。近年では、気候変動に関する政府間パネル（IPCC: Intergovernmental Panel on Climate Change）の「1.5 度特別報告書」（2018 年）も踏まえ、世界全体で 1.5 度目標を達成していくことの重要性が

認識されるとともに、そのためには2050年までに脱炭素社会を実現することが必要と考えられている。

冒頭に述べたとおり、カリフォルニア州は、パリ協定が調印される10年以上も前から、世界に先駆けた温暖化対策に取り組んできた。カリフォルニア大学も、2013年に、大学システム全体として2025年までに脱炭素化することを目指すカーボン・ニュートラリティ・イニシアティブ（Carbon Neutrality Initiative）を策定し、学内に太陽光発電をはじめとした再生可能エネルギーを大規模に導入するなど、キャンパスの脱炭素化に向けた取組を進めている。2019年には、全世界の1,000以上の自治体や7,000以上の高等教育機関が参加する国際的な枠組みである「気候非常事態宣言」に総長と10キャンパスの学長が署名し、世界の大学の流れに合流した。本宣言においては、気候変動に関わる研究開発や地域における教育の重要性を強調し、高等教育機関としては特に、①2030年、遅くとも2050年までにカーボン・ニュートラルを達成すること、②気候変動に係る研究開発や人材育成のためにより多くの資源を投入すること、③キャンパスや地域貢献活動において環境や持続可能性に関する教育をより多く提供することの3つに重点的に取り組むことが求められている。

2 「Bending the Curve」プロジェクト

カリフォルニア大学の気候変動に関わる具体的な取組の一つとして、「Bending the Curve」プロジェクトがある（図12-1）。2016年に成果が公表された本プロジェクトは、当時の州知事であったジェリー・ブラウン（Jerry Brown）氏の呼びかけのもとで立ち上げられ、同州のカーボン・ニュートラルに向けた実行可能な解決法を多様な学術分野の観点から示すという点で画期的であった。気候変動対策に取り組むためには、技術革新のほか、市場規制等に係る制度改革や市民レベルでの行動変容も含めた社会変革、意思決定プロセスなどを含めるガバナンスの整備などのあらゆる観点での取組が不可欠となる。これを支える学術分野は、自然科学のほかガバナンスや公共政策、経済・金融、土地利用、農業・食料、雇用、公衆衛生・健康、文化、社会対話、公教育、社会正義・倫理などと幅広く、これらの知を総動員して取り組

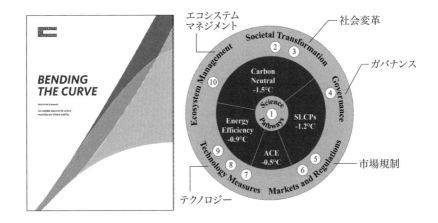

**図 12-1　「Bending the Curve」プロジェクトの報告書表紙（左）と
多様な分野からのアプローチの概念を示した図（右）**

む必要がある。従来型の研究活動においては分野を越えた連携は起こりにくいが、州の最優先課題の一つである気候変動対策について、大学が持つ幅広い分野の知を活用して州政府への提言を行うものとして取り組まれた。

　本プロジェクトは、カリフォルニア大学の少数の研究者が、自らの研究を行う傍ら専門的立場からの気候変動への貢献を志し、解決に役立つ情報を社会に示していくという草の根の活動から始まった。その輪が広がり、総長本部がこれを重要な取組と認めて一定の資金援助を行うようになった。さらに、州知事が旗振り役となり、カリフォルニア州が今後脱炭素化の取組を進めていく上で参考となる解決策を分野横断的に示す成果物を求めたことから、カリフォルニア大学全体のプロジェクトとして立ち上がった。本プロジェクトの議長となったのが、スクリップス研究所の教授ラム・ラマナサン（Ram Ramanathan）氏であり、副議長には気候正義等が専門のサンディエゴ校の准教授、フォンナ・フォーマン（Fonna Forman）氏などが選ばれた。また、あらゆる学術分野から 50 人の研究者等が選ばれ、気候変動対策に向けたあらゆるアプローチからの実行可能かつ測定可能な 10 の解決策を示す報告書をとりまとめ、公表した。

　10 の解決法は以下のように整理され、それぞれの観点について具体的な

政策手法や測定手法が示されるとともに、それぞれの手法の採択により実際
に州としての温室効果ガス削減にどの程度寄与するかが示されている。州政
府はこれらの科学的知見をもとにしながら、政治レベルでの議論に結び付け、
段階的に政策に反映するとともに、その実行状況についてウェブサイト等で
発信をしている。

- 低炭素寿命気候汚染物質の速やかな排出削減と低炭素技術によるエネ
  ルギーシステムの継続的変革による温暖化の緩和
- 気候行動に係る世界的気運の醸成、行動科学による技術と政策の統合
- 世界の連携活動の促進、現場とあらゆる分野の研究者との対話の促進
- 自治体の脱炭素化モデルのスケールアップによる世界展開
- 企業や個人へのインセンティブ付与のための市場経済原理に基づく手
  法
- 市場的手法が効かない排出量の多いセクターへの直接的な規制措置
- 太陽光電池、風力タービン、蓄電池等の成熟した研究成果の社会普及
- エネルギー・運輸システムの電化やそのコスト減のための支援と技術革
  新
- 既存技術と政策による低炭素寿命気候汚染物質排出の削減・廃止
- 自然界での炭素吸収を促進するための自然生態系の修復や土壌有機炭
  素の再蓄積

　また、本プロジェクトの成果は人材育成にも生かされている。気候変動に
関係するあらゆる分野に精通した広い視座を持つ専門家を育てるため、本成
果を活用して大学のオンラインカリキュラムを立ち上げ、カリフォルニア大
学のすべてのキャンパスにおいて実践している。
　「Bending the Curve」プロジェクトの目的は「基礎研究を社会につなげる
こと」であるとフォーマン氏は述べる。アカデミアにとどまる研究成果を社
会に引き出し、課題解決につなげることに意義がある。

3　大学間ネットワークの創設

　カリフォルニア大学はまた、2018 年に、大学が各地域の脱炭素化に向けた取組を支援するための大学間ネットワークである Climate Change Coalition (UC 3) の立上げにおいて中心的な役割を果たした[2]。同組織は、2019 年時点で北米の 21 の大学が形成する同盟組織である。各大学の代表者が特定のミッションに向けて議論するテーマ別のワーキンググループのほか、産学官民が集まって地域の脱炭素化について議論するクロスセクター・フォーラム、年に 1 回のサミットが存在する。ワーキンググループには、気候変動解決に向けて教育、研究、組織ガバナンスを統合して高等教育機関の機能を強化することを目的とするものや、環境人材育成に向けたカリキュラム開発等をテーマにするものなどが存在する。クロスセクター・フォーラムは 2019 年度において 23 回開催され、大学の幹部や政治家、政府職員、慈善家、支援者などが集まり脱炭素化に向けた具体的な実行方策について議論を行った。これらの成果や地域貢献活動等を大学の総長等が参画するサミットにおいて共有し、大局的な議論や発信を行う仕組みとなっている。

　UC 3 の設置趣旨としては、以下のような 5 つのキーコンセプトを掲げている。

- 組織におけるリーダーシップ：各機関は組織内の縦割りを排除し、一丸となって、組織の資源を社会に還元するためのリーダーシップをとる。
- 協力ネットワーク：各機関は毎月集まり、地域における各取組のグッドプラクティスの共有を行うとともに仲間からのフィードバックを受ける。
- 多様なセクターの招集：各機関は地域の多様なセクターを把握し、招集して一同に会する場を設け、地域の課題解決につなげる。
- ニーズに応じた研究開発：各機関が社会とつながることで、研究者は自らの研究の社会ニーズとのギャップを埋め、需要ある成果を生む研究開発を企画する。
- 課題解決のためのパートナーシップ：多様なセクターにとって相互に便益のある解決法を編み出すための建設的なパートナーシップを形成する。

本ネットワークの活動内容や各大学の地域への貢献についてウェブサイトにおいて公開するとともに、各大学の研究シーズを見える化するためのダッシュボードや、共同研究を推進するためのプラットフォームの創設などを順次進めている。立上げから3年目となる2020年には、大学としての産学官民と連携した今後の取組に係る目標やそれに向けた戦略を示した5年間の戦略計画を公表した。

4　初等中等教育段階での環境リテラシー向上

2019年には、初等中等教育段階での気候変動に関するリテラシー向上を目指すための組織（ECCLPS: Environment and Climate Change Literacy Project and Summit）を立ち上げた。州において教員養成を担う23のキャンパスを持つカリフォルニア州立大学と連携し、各大学の研究者、小中学校や高校の教員、州政府の教育担当者等を巻き込みながら、初等中等教育段階の子供への環境教育を促進するための取組を行う。教員養成を通じた教員の環境リテラシー向上を通じて、初等中等教育段階での環境教育が充実すれば、州内で高校を卒業する毎年約50万人の生徒に影響を与えることとなる。年1回のサミットでは、関係者が一堂に会し、研究成果や活動実績などを共有・議論を行い、レポートを発信している。

第2節　地球規模課題に係る大学の役割

世界の気候変動への関心は高まるばかりであり、2020年のCOVID-19によるパンデミックの最中でも、国際的には多くの大学が脱炭素化に向けた動きを自らの使命と捉えて主体的な動きを展開している。同年4月には、オーストラリアのニューサウスウェールズ大学が中心となり、18か国の40のトップ大学が中心となり、気候変動に関する協定（IUCA: International Universities Climate Alliance）を立ち上げた。欧米のトップ大学、アジアでは中国、香港、シンガポールなどの大学が参画したほか、カリフォルニア大学の中では「Bending the Curve」プロジェクトを率いたサンディエゴ校が創設メンバーとして参画している。日本の大学では北海道大学が参画し（2020年11月

現在）、世界全体としては 48 大学が加盟している。

　気候変動に関して大学の動きが活発になっているのは、その課題解決のためには大学が地域と結びつき、取組を支援していくことが不可欠と捉えられているためである。気候変動問題は技術革新から社会制度改革等の幅広い取組を必要とし、その戦略的推進のためには人文社会科学から自然科学までの分野横断的な研究が必要となる。また、産学官民の各セクターによる主体的な取組と連携が不可欠である。さらに、地球規模の課題として、世界各国・各セクターと同じ課題を共有しており、国際的な知見の対話と連携が有効である。このような特徴は、大学独自の機能と非常に親和的である。大学は多様な分野における基礎から応用までの知の創出を担うとともに、過去の蓄積や新たに創出した知の学生や社会への伝達・普及を行う使命を持つ。また、日常的な教育研究活動や地域貢献活動を通じて産学官民のネットワークを有する。こうした大学の強みが、地域における科学的根拠に基づく気候変動対策の実施の大きなポテンシャルへとつながっている。

　気候変動について大学が具体的に取り組めることとしては、大学自身の脱炭素化に向けた取組のほかに、地方自治体の脱炭素化や環境問題解決に向けた共同事業等の推進、環境リテラシー向上や環境人材育成、国際連携の推進などがある。

　気候変動問題等の解決を切り口として、大学は社会に対してよりオープンになり、連携を深め、地域における存在感を高めていくことが期待される。カリフォルニア大学の「Bending the Curve」のような取組が執行部からではなく研究者の中から始まったことは、社会から必要性が認められなければ存立が危ぶまれるアメリカの大学にとっての戦略的な社会貢献という文脈を越えて、カリフォルニア大学の教職員が社会貢献の在り方を自ら考え行動に移していることを示している。これが、州立大学であるカリフォルニア大学の一つの重要な原動力であり、社会において大学の存在感を高める基礎となっている。

注

1　"Annual Accountability Report 2020" (the University of California, Office of the President)

2　本組織の立上げの主体は、アメリカの高等教育機関による気候変動対策の推進団体である Second Nature である。

終　章

　本書では、巨大で複雑なカリフォルニア大学を出来る限り多様な視点で捉えることを試みた。そのための調査研究を進める中で、異なる視点からの気づきはどこかで互いに結び付き、同大学の大学像や卓越性の鍵を朧げながら一部つかむことができたように感じた。ここで改めて、同大学の競争性と多様性について触れたい。

　本書の冒頭に、カリフォルニア大学は公立大学としての様々な実質的な制約があるからこそ日本にその実態を伝えたかったと述べた。同大学には州憲法による高い自律権が与えられているが、それは大学運営が全く自由で制約がないことを意味するのではなく、実際には、本書で触れたような様々な財政的・社会的制約を有する。同大学の元プロボストのエイミー・ドア（Aimee Dorr）氏は、大学運営について、ドイツの革命家であるカール・マルクスの言葉を引用して「すべての者が歴史を作るが、それは自ら選んだ状況においてではない」と表現した。多様な制約の中で他機関から突出する卓越性を生み出していかなければならないのは、カリフォルニア大学も日本の大学も同じである。

　このような状況のなか、複数の条件に関わる複雑な方程式を解き、最小のコストのもと最大の成果を生む助けとなるのが、経営に係る専門的な知見である。例えば、同大学が持つ経済支援のモデルは、住居費や生活費等の学生の在籍コストも考慮した上で手厚く入学機会を確保しつつ、財政支出を最低限に抑えるものであり、一定の条件のもとで考えうる限り最も合理的なものとなっている。こうしたモデル一つを見ても、理論的かつ現実的な根拠に基づき最善の手段を自律的に決定していることがわかる。

　こうした政策決定をさらに高度化するため、カリフォルニア大学は情報戦略の体制を強化しており、これに携わる専門家チームは2017年に40名程度であったが2020年には60名程度となった。複雑化する大学運営において、最適な解を導くためのモデルやプロセスの選択肢やその影響を提示する専門家が意思決定を支えることへの期待が高まっている。

　一方で、情報戦略チーム等がこうした議論の土台を用意しつつも、大学運営に係る事項の意思決定は、理事会、執行部、教員のガバナンス組織の密接な連携のもとに行われている。大学には学問の自由の価値が存在し、これにより教育研究活動の質の維持・向上が担保される。このため、執行部のみならず、大学の原動力となる教員をガバナンスに巻き込んでその知を活かすとともに、帰属意識を育てることは重要である。カリフォルニア大学においては、教員のガバナンス組織が学術面における最終的な決定権を持つほか、経営面においても助言を行うための正式なプロセスが定められており、教員の意思を大学運営に直接的に反映させる仕組みが整っている。

　アメリカの大学の仕組みの特徴を示す言葉として「経営と教学の分離」というものがあるが、これは同国の州立大学ではもともと教員の力が弱かったなか、外部者による理事会を経営母体とし、その後に大学が研究大学へと発展するなかで教員が力を獲得し、シェアード・ガバナンスの理念が生まれたという固有の歴史を反映する。実際のガバナンスとしては、経営的事項や学術的事項に係る大きな役割分担はありつつも、大学運営に係る意思決定全般を、州の民意を反映することを期待された理事会と、経営に関する専門的知見を有する執行部、また、教育研究活動を行う教員による組織が3者で連携しながら行っている。これにより、大学と社会とのつながり、経営的専門性、構成員のガバナンス参加という複合的な価値を実現している点が、同大学の競争性に寄与していると考えられる。なお、それぞれの内部組織の中では、学生や職員の意見も反映されるよう仕組みが設けられており、大学におけるあらゆる立場にある者がガバナンスに参画する。

　教員のガバナンス組織の構造を見ても、教育課程の決定や大学予算に係る意見を含め、多様な教員の意見を民主的に意思統一する仕組みが整っている。また、総合研究大学として学問分野の多様性を重視する観点は、絶対評価を

基本とする教員評価の枠組みにも表われている。

　大学の社会とのつながりに係る多様性も重要である。カリフォルニア大学の各キャンパスは、州立大学として、州の経済活動や市民生活を支える基盤となる知を創造し、普及する唯一の機関としての使命感に基づき、地域の教育力向上や課題解決等に係る様々な社会貢献活動を行っている。研究者を常に社会との対話の場に置くことは、社会への成果還元を意識した教育研究活動の推進にも繋がる。また、理事会での議論や積極的な情報公開を通じて大学の活動による社会への貢献を常にわかりやすく発信することも、大学と社会の距離を縮めることに繋がっている。

　このように、カリフォルニア大学の世界的な卓越性の源泉の一つは、大学の教育研究・社会貢献活動、学問分野、構成員などの多様性を前提として、意思統一のための精緻な構造や複数のガバナンス組織によるリーダーシップなどを通じて、大学の持つリソースを活用しきることを重視したガバナンス構造と戦略にあると考えられる。

あとがき

　カリフォルニア大学の総長本部に籍を置いた 1 年半の間、大学関係者に話を伺い、会議に参加し、現地を訪れ、文献調査などを行う長い旅のなかで、多くの貴重な出会いに恵まれた。なかでも特に印象的であった出来事として、次のようなものがある。

　渡米して間もないある日、総長本部の職員を対象としたイベントがあり、出身校のアイテムを身につけて集まることとなった。勤務時間後に職員が各々会場に向かう中、一人で歩いていたところ、スタンフォードの T シャツを着た白髪のご婦人が友達のグループから離れて近づき、こんにちはと声をかけてくださった。自分が客員研究員で日本から来ていることを伝えると、「私はその書類にサインをする仕事をしているから、知っていますよ」とのことであり、研究員受入れの事務などをされている方かと考えた。外国人である自分に気を遣ってくださったのか、友達グループに時々笑顔で手をふりながらも一向にそちらに戻る気配がなく、会場までの 15 分間、家族のことなども含めて一通りの世間話をさせていただいた。

　その後の開会式で、プロボストの挨拶の場面があり、巨大なカリフォルニア大学の執行部のナンバー 2 の方を一目見たいと遠くから眺めた。すると、盛大な拍手の中、見覚えのあるご婦人が登壇した。直前まで道中でご一緒した方は、全米の大学関係者で知らない者はいないカリフォルニア大学のプロボスト、エイミー・ドア氏であった。

　その後も、同氏が、理事会等の場で、一緒にプレゼンをした執行幹部や教員に優しく肩をたたくなどの気遣いをするのをよく目にした。どのような時も、教職員に友人のように接し、議論においては意志を持ち、辛抱強い。アカデミック・セネイトからも厚い信頼を受けており、伝統あるシェアード・ガバナンスを実現してカリフォルニア大学という大きな城を守る、温かな人間性と卓越した能力を併せ持つリーダーの姿が印象的であった。

2015 年にドア氏が来日し、日本の大学関係者向けに講演をされた時の言葉の一部を紹介したい[1]。ここには、プロボストという職の在り方がよく表れている。

　　プロボストは、どこでどのような権威を発揮でき、どこで発揮できないのかを認識できなければならないのです。もし権限に制限があるのなら、どのような権限を持っているかも見極めた上で、それを使っていく必要があります。私が思うに、リーダーシップを成功裡に発揮できるプロボストというのは、いつも、教育面にかなり重きを置くことから始めています。教育にコミットし、質を重んじる。そして、プロボスト自身も教授出身なので、自分よりも著名であったり、売れっ子の教授に怖じ気づくことなく、そのような教授を自分のキャンパスに迎え入れることのできる度量を持っている。プロボストは常に自分が第一人者と見られているようでなくてはならないのです。また、常にビジョンを持ち、それに向かって取り組みますが、現実に逆らうような方法ではなく、現実的な機会を認識し、それに合わせた方法でビジョンを達成していくような、大きな野望を持つ一方で、かなりの現実主義者であることが必要なのです。

　　カリフォルニア大学では、人や考え方、信条も多様なので、それらを尊重出来なければなりません。……プロボストは、どうしたらみんなに敬意を表せるのか、どうすれば敬意ある方法で交流できるのかを見つけ出さなくてはならず、敬意ある態度とはどのようなものかを理解していないために失敗してしまったら、その修復をしなければなりません。……プロボストは正直な仲介者で、嘘もつかず、ごまかさない、それらをわきまえていると、みんなから信頼されるようでなくてはなりません。これらのことがプロボストの成功を左右します。

　これらの言葉は、総長本部におけるドア氏の行動や姿勢と一致しており、リーダーとしてのあるべき姿に強い信念があることがうかがえた。

　2017 年に就任した次のプロボストであるマイケル・ブラウン（Michael

Brown）氏は、ほとんどすべての職員の名前を憶えているのではないかと思うほど、オフィス内を歩くたびに各職員に名前で呼びかけた。場を盛り上げるムードメーカーであり、同氏がエレベーターに乗り込むと、皆は、何か楽しいことを言ってくれるのを期待して待った。

　2人のプロボストに限らず、カリフォルニア大学は多くの魅力的なリーダーにあふれ、多様性のなかでのリーダーシップとは、制度や規律等により実現されるものではなく、人間力や信念によるところが大きいことも学んだ。

　大学のすべての立場の者に敬意を示すリーダーの姿は、終章でも述べた、カリフォルニア大学の戦略の神髄とも共通する。大学はバックグランドも役割も異なる様々な構成員から成る社会の縮図のような組織であり、時に内部の組織同士で争いつつも、危機の際などには対外的に団結する。異なる意見について議論を通じて合意形成をし、方針を決定していく生きたコミュニティである。カリフォルニア大学は常に、「One University」（1つの大学）の理念を掲げるが、大学の複雑性や分権性を踏まえるほどに意義深い。

注

1　「JUNBA 2015　教育の質を保証するためのガバナンス改革－公立大学世界トップレベルのカリフォルニア大学（UC）に聞く」（2015年1月8〜9日　サンフランシスコ・ベイエリア大学間連携ネットワーク）より。

事項索引

230

人名索引

著者紹介

清水彩子（しみず　あやこ）

東京大学法学部卒業。2006 年文部科学省入省。大臣官房国際課、高等教育局国立大学法人支援課を経て、2009 年より 2 年間、財務省主計局に出向。同局調査課においてギリシャ財政危機、法規課において東日本大震災後の原子力損害賠償に係る立法等を担当。その後、初等中等教育局初等中等教育企画課企画係長、幼児教育課専門官、教育課程課専門官。2016 年から約 1 年半、カリフォルニア大学総長本部客員研究員。その後、埼玉県戸田市教育委員会教育次長として小中学校におけるプロジェクト型学習（Project Based Learning）等を推進。2019 年から文部科学省研究開発局環境エネルギー課課長補佐として、地域の脱炭素化に向けた分野横断的研究開発事業や気候変動対策に係る大学間連携組織を立上げ。2021 年より初等中等教育局財務課課長補佐（現職）。

カリフォルニア大学　ガバナンスと戦略
―世界で最も卓越した公立研究大学群の競争性と多様性―

2021 年 11 月 30 日刷発行　　　　　　　　　　　　　　　　〔検印省略〕
＊定価はカバーに表示してあります。

著者© 清水彩子　　発行者 下田勝司　　　　印刷・製本／中央精版印刷株式会社

東京都文京区向丘 1-20-6　郵便振替 00110-6-37828　　　　　　　発 行 所
〒 113-0023　TEL 03-3818-5521(代)　FAX 03-3818-5514　　株式　東 信 堂
　　　　　　　　Published by TOSHINDO PUBLISHING CO., LTD.　会社
　　　　　　　1-20-6, Mukougaoka, Bunkyo-ku, Tokyo, 113-0023 Japan
　　　　　　E-Mail：tk203444@fsinet.or.jp　http://www.toshindo-pub.com

ISBN978-4-7989-1729-0　C3037　©SHIMIZU Ayako

東信堂

〒113-0023 東京都文京区向丘1-20-6　TEL 03-3818-5521　FAX 03-3818-5514　振替 00110-6-37828
Email tk203444@fsinet.or.jp　URL:http://www.toshindo-pub.com/

※定価：表示価格（本体）＋税

東信堂

〒 113-0023　東京都文京区向丘 1-20-6
TEL 03-3818-5521　FAX03-3818-5514　振替 00110-6-37828
Email tk203444@fsinet.or.jp　URL:http://www.toshindo-pub.com/

※定価：表示価格（本体）＋税

東信堂

大学の自己変革とオートノミー ―点検から創造へ	寺崎昌男	二五〇〇円
大学教育の創造 ―歴史・システム・カリキュラム	寺崎昌男	二五〇〇円
大学教育の可能性 ―教養教育・評価・実践	寺崎昌男	二五〇〇円
大学は歴史の思想で変わる ―FD・評価・私学	寺崎昌男	二八〇〇円
大学改革 その先を読む	寺崎昌男	一三〇〇円
大学自らの総合力 ―理念とFD そしてSD	寺崎昌男	二〇〇〇円
大学自らの総合力II ―大学再生への構想力	寺崎昌男	二四〇〇円
21世紀の大学：職員の希望とリテラシー ―立教学院のディレンマ	寺崎昌男 立教学院職員研究会 編著	二五〇〇円
ミッション・スクールと戦争 ―立教学院のディレンマ	老川慶喜 前田一男編著	五八〇〇円
一貫連携英語教育をどう構築するか ―「道具」としての英語観を超えて	鳥飼玖美子編著	一八〇〇円
英語の一貫教育へ向けて	立教学院英語教育研究会編	二八〇〇円
大学評価の体系化	大学基準協会編	三二〇〇円
アウトカムに基づく大学教育の質保証 ―チューニングとアセスメントにみる世界の動向	深堀聰子編	三六〇〇円
大学教育における高次の統合的な能力の評価 ―直接 vs 間接の二項対立を超えて	斎藤有吾	二八〇〇円
量的 vs 質的高等教育質保証の国際比較	羽田貴史 米澤彰純 杉本和弘編	三六〇〇円
学士課程教育の質保証へむけて ―学生調査と初年次教育からみえてきたもの	山田礼子	三二〇〇円
学生参加による高等教育の質保証	山田勉	二四〇〇円
新自由主義大学改革 ―国際機関と各国の動向	細井克彦編集代表	三八〇〇円
新興国家の世界水準大学戦略 ―世界水準をめざすアジア・中南米と日本	米澤彰純監訳	四八〇〇円
東京帝国大学の真実	舘昭	四六〇〇円
日本近代大学形成の検証と洞察	舘昭	二〇〇〇円
原理・原則を踏まえた大学改革を ―場当たり策からの脱却こそグローバル化の条件	舘昭	二〇〇〇円
学生支援に求められる条件 ―学生支援GPの実践と新しい学びのかたち	清水多司人 野島幸司 大島勇人	二八〇〇円

〒113-0023　東京都文京区向丘1-20-6　　TEL 03-3818-5521　FAX03-3818-5514　振替 00110-6-37828
Email tk203444@fsinet.or.jp　URL:http://www.toshindo-pub.com/

※定価：表示価格（本体）＋税

東信堂

才能教育・2E教育概論 —ギフテッドの発達多様性を活かす	松村暢隆	三六〇〇円
アメリカの才能教育 —多様な学習ニーズに応える特別支援	松村暢隆	二五〇〇円
才能教育の国際比較	山内乾史編著	三五〇〇円
韓国の才能教育制度 —その構造と機能	石川裕之	三八〇〇円
学生エリート養成プログラム —日本、アメリカ、中国	北垣郁雄編著	三六〇〇円
アメリカ教育例外主義の終焉 —変貌する教育改革政治	青木栄一監訳	三六〇〇円
文部科学省の解剖	青木栄一編著	三〇〇〇円
世界のテスト・ガバナンス —日本の学力テストの行く末を探る	北野秋男編著 佐藤仁	三〇〇〇円
現代学力テスト批判 —実態調査・思想・認識論からのアプローチ	青木栄一編著	三一〇〇円
ポストドクター —若手研究者養成の現状と課題	北野秋男 小笠原喜康 下司晶	二七〇〇円
日本のティーチング・アシスタント制度 —大学教育の改善と人的資源の活用	北野秋男	三六〇〇円
現代アメリカの教育アセスメント行政の展開 —マサチューセッツ州（MCASテスト）を中心に	北野秋男編著	二八〇〇円
現代アメリカ貧困地域の市民性教育改革 —教室・学校・地域の連関の創造	古田雄一	四二〇〇円
アメリカ公民教育におけるサービス・ラーニング	唐木清志	四八〇〇円
【再増補版】現代アメリカにおける学力形成論の展開 —スタンダードに基づくカリキュラムの設計	石井英真	四六〇〇円
ハーバード・プロジェクト・ゼロの芸術認知理論とその実践 —内なる知性とクリエイティビティを育むハワード・ガードナーの教育戦略	池内慈朗	六五〇〇円
アメリカにおける学校認証評価の現代的展開	浜田博文編著	三六〇〇円
アメリカにおける多文化的歴史カリキュラム	桐谷正信	四六〇〇円
アメリカ公立学校の社会史 —コモンスクールからNCLB法まで	W・J・リース著 小川佳万・浅沼茂監訳	二八〇〇円
ネオリベラル期教育の思想と構造 —書き換えられた教育の原理	福田誠治	六二〇〇円
日本の異言語教育の論点 —「ハッピー・スレイヴ症候群」からの覚醒	大谷泰照	二七〇〇円

〒113-0023　東京都文京区向丘1-20-6　　TEL 03-3818-5521　FAX03-3818-5514　振替 00110-6-37828
Email tk203444@fsinet.or.jp　URL:http://www.toshindo-pub.com/

※定価：表示価格（本体）＋税

東信堂

若手研究者必携 比較教育学のアカデミック・キャリア
—比較教育学を学ぶ人の多様な生き方・働き方　　市川 桂／森下 稔 編著　二〇〇〇円

若手研究者必携 比較教育学の研究スキル　　山内乾史 編著　一七〇〇円

リーディングス 比較教育学 地域研究
—多様性の教育学へ　　西中節男／近藤孝弘／矢野礼美 編著　三七〇〇円

比較教育学事典　　日本比較教育学会編　二二〇〇〇円

比較教育学の地平を拓く　　森下 稔／山田肖子 編著　三六〇〇円

比較教育学—越境のレッスン　　馬越 徹　三六〇〇円

比較教育学—伝統・挑戦・新しいパラダイムを求めて　　M・ブレイ　馬越徹・大塚豊監訳　三八〇〇円

国際教育開発の研究射程—「持続可能な社会」のための比較教育学の最前線　　北村友人 編著　二八〇〇円

国際教育開発の再検討—途上国の基礎教育普及に向けて　　小川啓一／北村友人／西村幹子 編著　二四〇〇円

発展途上国の保育と国際協力　　浜野 隆／三輪千明　二八〇〇円

中国教育の文化的基盤　　顧明遠 著／大塚豊 監訳　三八〇〇円

中国大学入試研究—変貌する国家の人材選抜　　大塚 豊　三六〇〇円

東アジアの大学・大学院入学者選抜制度の比較
—中国・台湾・韓国・日本　　南部広孝　二九〇〇円

中国高等教育独学試験制度の展開　　南部広孝　三六〇〇円

現代ベトナム高等教育の構造—国家の管理と党の領導　　関口洋平　五八〇〇円

中国の職業教育拡大政策—背景・実現過程・帰結　　劉文君　三〇〇〇円

中国における大学奨学金制度と評価　　王帥　五〇四八円

中国高等教育の拡大と教育機会の変容　　王傑　五〇〇〇円

中国の素質教育と教育機会の平等　　代玉　三九〇〇円

現代中国初中等教育の多様化と教育改革
—都市と農村の小学校の事例を手がかりとして　　楠山研　三二〇〇円

日本高等教育における「グローバル人材」育成力
—留学生の人材自己形成過程の視点から　　譚君怡　三〇〇〇円

グローバル人材育成と国際バカロレア
—アジア諸国のIB導入実態　　李霞 編著　三六〇〇円

文革後中国基礎教育における「主体性」の育成　　李霞　三四〇〇円

台湾における高等教育多様化の論理　　廖于晴　三六〇〇円

「郷土」としての台湾—郷土教育の展開にみるアイデンティティの変容　　林初梅　二九〇〇円

戦後台湾教育とナショナル・アイデンティティ　　山﨑直也　三二〇〇円

〒113-0023　東京都文京区向丘1-20-6
TEL 03-3818-5521　FAX03-3818-5514　振替 00110-6-37828
Email tk203444@fsinet.or.jp　URL:http://www.toshindo-pub.com/
※定価：表示価格（本体）＋税

東信堂

高校生の学びと成長に向けた大学選び
―偏差値もうまく利用する

		溝 上 慎 一	九〇〇円

学びと成長の講話シリーズ

①	アクティブラーニング型授業と生徒の身体性	溝 上 慎 一	一〇〇〇円
②	学習とパーソナリティ―「あの子はおとなしいけど成績はいいんですよね!」をどう見るか	溝 上 慎 一	一六〇〇円
③	社会に生きる個性―自己と他者・拡張的パーソナリティ・エージェンシー	溝 上 慎 一	一五〇〇円

アクティブラーニング・シリーズ

①	アクティブラーニングの技法・授業デザイン	安永・関田・水野 編	一六〇〇円
②	アクティブラーニングとしてのPBLと探究的な学習	溝上・成田 編	一八〇〇円
③	アクティブラーニングの評価	石井・成瀬・溝上 編	一六〇〇円
④	高等学校におけるアクティブラーニング:理論編（改訂版）	溝 上 慎 一 編	一六〇〇円
⑤	高等学校におけるアクティブラーニング:事例編	溝 上 慎 一 編	二〇〇〇円
⑥	アクティブラーニングをどう始めるか	成 田 秀 夫	一六〇〇円
⑦	失敗事例から学ぶ大学でのアクティブラーニング	亀 倉 正 彦	一六〇〇円

若者のアイデンティティ形成	ジェームズ・E・コテ&チャールズ・G・レヴィン著／河井・溝上・水間訳	三二〇〇円
―学校から仕事へのトランジションを切り抜ける		
大学生白書2018	溝 上 慎 一	二八〇〇円
―今の大学教育では学生を変えられない		
学生を成長させる海外留学プログラムの設計	河 合 塾 編著	三二〇〇円
―アクティブラーニングと教授学習パラダイムの転換		
グローバル社会における日本の大学教育	河 合 塾 編著	三八〇〇円
―[収録]緊急座談会「コロナ禍における海外留学・国際教育の現状と展望」		
大学のアクティブラーニング	河 合 塾 編著	三二〇〇円
―全国大学調査からみえてきた現状と課題		
「学び」の質を保証するアクティブラーニング	河 合 塾 編著	二〇〇〇円
―3年間の全国大学調査から		
「深い学び」につながるアクティブラーニング	河 合 塾 編著	二八〇〇円
―全国大学の学科調査報告とカリキュラム設計の課題		
アクティブラーニングでなぜ学生が成長するのか	河 合 塾 編著	二八〇〇円
―経済系・工学系の全国大学調査からみえてきたこと		

〒113-0023　東京都文京区向丘 1-20-6　　TEL 03-3818-5521　FAX03-3818-5514　振替 00110-6-37828
Email tk203444@fsinet.or.jp　URL:http://www.toshindo-pub.com/

※定価：表示価格（本体）＋税

東信堂

〒113-0023　東京都文京区向丘 1-20-6　　　TEL 03-3818-5521　FAX03-3818-5514　振替 00110-6-37828
Email tk203444@fsinet.or.jp　URL:http://www.toshindo-pub.com/

※定価：表示価格（本体）＋税